韓国がタブーにする
日韓併合の真実
［新装版］

加耶大学客員教授
崔基鎬
チェ・キホ

ビジネス社

まえがき

李氏朝鮮はその創建から終焉《しゅうえん》まで、五百十八年に及ぶという長寿王朝であった。日本の歴史でみれば、室町時代から明治時代の初めまで続いた、東アジアでは稀有《けう》の王朝といえよう。

前王朝の高麗を倒して、李氏朝鮮の始祖となったのは、李成桂《イソンゲ》であった。

この新王朝が成立するや、李成桂は深刻なボタンのかけ違えを、いくつか犯した。その結果は、「李氏朝鮮症候群」といえるような、癒しがたい宿痾《しゅくあ》に襲われることになる。ついに李朝末期に至って、あたかも癌が身体の隅々に転移するような状態に陥った。腐朽した老木は、倒れるほかなかったのである。

その症候群の第一は、仏教を禁じることによって棄てて、儒教のなかでも最も原理主義的といわれる朱子学を、国教として採用したことである。今日、韓国を訪れた外国人は、仏教の寺院が山奥に眠っているように存在するのを見るだろう。僧侶たちは、さまざまな迫害を受けて、市内に存在することができなかったからである。

さらに悪いことに、「事大主義」を掲げ、中国の属国に成り下がったことだった。自らを

「小中華」と称し、中国に大いに事《つか》えようという考え方である。

その二は、両班《ヤンバン》制度と科挙の存在である。両班は高麗時代から存在した。東班（文官）と西班（武官）より成り、官僚層を形成した。科挙（官僚の登用試験）を受けて官僚となったが、しだいに特権化、世襲化していく。常民といわれる農民や、商人、手工業者にも、科挙の門戸が形のうえだけでは開かれてはいたが、実際には閉ざされているのと同じだった。

この結果として、階層の流動化が全く乏しく、社会が停滞して、活力が失われた。さらに李朝なかば過ぎになると、官職の売買が公然と行われるようになり、賄賂が横行した。貪官汚吏《どんかんおり》がはびこり、国家は朽ち果てていった。

国王と支配階級であった両班は、絶え間ない権力闘争に血道をあげるかたわら、農民を中心とした常民を徹底的に搾取し、国の経済が疲弊するのに、いささかも顧慮することなく、浪費と贅沢三昧《ぜいたくざんまい》に耽《ふけ》った。

その三は、上は国王から、下は地方官にいたるまで、血縁、地縁による閉鎖的なグループを形成したことである。わけても、李朝末期にみられる大院君《デウオンクン》と閔妃《ミンビ》の対立は、その典型的なものであろう。両派は親露派、親清派に分かれて、血で血を洗う抗争をつづけた。時には、大院君や、閔妃は、親日派にもなった。末期症状をさらに悪化させたのは、国王の高宗が愚昧で酒色に溺《おぼ》れ、国政をいっこうに顧みなかったことである。

そのうえ、欧米列強の圧力に対しても、何らの打つ手がなかった。逸速く近代化の必要性を感じて動き始めた開化派（金玉均《キムオクキュン》、朴泳孝《パクヨンヒョ》など）は、守旧派に抹殺されて、近代産業国家への芽は摘まれてしまうのである。

李氏朝鮮は「出口なし」の状態に陥っていた。すでに国のかたちを失っていた。

李氏朝鮮は中国の属国であったために、武を軽んじたから、独立国として体裁を欠いていた。そこで国王や、両班はそれぞれ、清、露、日本の強大な隣国に取り入ることしか、考えなかった。自主の邦としての気概を持つことが、まったくなかった。

清日、露日の両戦争に勝利を収めた日本が大韓帝国を支配下に収めたのは、歴史の必然であった。

わが国の人々の多くは、日本統治が犯罪行為であったごとく力説するが、それは事実を知らぬ妄説にすぎないと、私は信ずる。あの時代を理性的に振り返ってみれば、いかに日本統治がわが国にとってプラスになったか、日本が真摯《しんし》に朝鮮半島の近代化に努力したかを、読みとることができるだろう。

韓国には「七奪《チルタル》」という表現がある。日本統治のマイナスの面を手短にいうものだが、私は本書のなかでその一々について、反論を述べておいた。

日韓併合の収支決算は韓民族にとって、大いなる善であった。他力本願ながら、日韓併合が韓国民を救済し、韓国に今日の繁栄をもたらした。もし、韓民族が中国の属国であり続けたとしたら、あるいはロシアの支配下に置かれたとしたら、今日の韓国の発展はありえなかった。いまこそ、歴史を再検証すべき時が訪れたのだ。

北朝鮮は、李氏朝鮮の完全なクローンである。本書が北朝鮮について、理解を深める助けになることを願っている。

本書の出版を機に、その機会がやってくることを、私は切に望んでいる。

なお本書の出版に際して、ビジネス社の皆さんに大変お世話になった。また本書は、もともと月刊誌『自由』に連載されたものである。自由社の皆さんにもお礼を申し上げたい。

二〇〇三年六月　ソウルにて

著　者

本書は二〇〇三年九月に小社より刊行された『日韓併合の真実』を新書化したものです。

第一章　鎖国から開国へ
——挑む日本、逃げる朝鮮——

第二章　大院君VS.閔妃

――朝鮮内紛に虎視眈々の欧米列強と日本――

第三章　溶解しはじめた李氏朝鮮
――クーデター、民衆蜂起、そして清日戦争――

第四章　露日戦争と李朝終焉
――ついに実現した日韓併合――

終章　日韓併合が朝鮮民族を救った
——歴史を再検証する時代を迎えて——

第一章

鎖国から開国へ

——挑む日本、逃げる朝鮮

開国を準備した徳川三百年、亡国に走った李朝五百年

韓日関係を正すためには、サッカーのワールド・カップを共催したといった上滑りなことではなく、両国がそれぞれ辿《たど》ってきた歴史を、両国民が正しく理解することが、どうしても必要である。それでなければ、韓国と日本が長い歳月にわたって隣り合ってきたのに、なぜ、これほどまで異質な国になってしまったのか、わからない。

明仁天皇が二〇〇一年十二月の誕生日の〝お言葉〟のなかで、今日の宮内庁楽部の雅楽の楽士に百済からの移住者が代々勤めており、『続日本紀』に桓武天皇の生母が百済の武寧王の後孫であることが記されている、と述べられた。

この天皇の発言は、韓国でもすぐ大きく取り上げられた。かつて日本と韓国は隣国であっただけではなく、家族的な近い関係にあって、血と文化を分かち合っていた。古代においては、同じ文化圏を構成していたのだった。それなのに、今日では両国民にとって不幸なことに、互

いに「近くて遠い」国と呼ぶようになっている。

　朝鮮半島と日本とは、半島と列島の違いがあっても、条件がよく似ている。面積では朝鮮半島の二十二万平方キロに対して、日本は幕末まで、南千島と樺太《サハリン》も含めて、蝦夷《えぞ》地と呼ばれた北海道を除くと、二十九万平方キロであり、両国とも国土の八割が山によって覆われている。蝦夷は古代からのアイヌ人の蔑称《べっしょう》だが、幕末まで本州の北海道の対岸に松前藩があったものの小藩で、日本人はほとんど居住していなかった。両国は気象もよく似ており、ともに稲作民族である。

　それなのに、韓民族と日本民族は世界のなかでも才気ある民族であるのに、どうしてこれほどまで異質な体質を持つようになってしまったのか。私はこの謎を解こうとしている。韓国と日本の歴史を比較することによって、それぞれの国の姿がはっきりと見えてくると思う。

　文藝春秋の月刊誌『諸君！』（二〇〇二年二月号）が拙著を取り上げてくれた。そのなかから、引用したい。

「今日の日本と韓国の間にある〝大きな差〟を形成した原因は、なにか。著者はそれを『李氏朝鮮五百年と徳川三百年にある』と喝破する。では、その李氏朝鮮とはどんな国だったのか。（略）李朝は明《みん》の属国を自認、韓国が二千年近くにわたって尊んできた仏教を徹底的に弾圧し、儒教の朱子学を国学として迎え入れた。しかも、『李朝は、中国の歴代王朝を滅亡させた理由が、党争と宦官《かんがん》制度と儒教による腐敗であったことを顧みることなく、明の悪い制度を、そっくり導入したのだった。そして国民を際限ないまでに苦しめ、残虐をほしいままにした』という」

「韓民族の豊かな独自文化が、これにより完膚なきまでに朝鮮半島から抹殺されてしまったというのだ。対する徳川三百年はどうだったか。幕府を中心に各藩による事実上の連邦制度だった江戸時代には、日本の庶民文化が大きく花開いた。江戸は百万人もの人口を有し世界で最大の都市だった。これが現代日本の鋳型となっているのは間違いない」

「李朝では王族とこの時代に跋扈《ばっこ》した両班《ヤンバン》という一部の特権高級官僚が結託し、徹底的に民を搾取したことで、今日の韓国社会でも継続している〝官尊民卑〟の精神構造が形づくられた。ここに大きな違いがあるというのだ」

この書評は、韓日関係が「なぜ、これほどねじれた関係になってしまったのか。そんな本質的な疑問が湧《わ》いてきたとき、この本はそれに見事に答えてくれた」と述べている。

日本の著名な評論家である宮崎正弘氏は、拙著を「国際ビジネスマンにとって必読の書である」(『経済界』〇二年一月二十二日号)と激賞してくださった。

「そして著者の韓国への思いは、同時に日本への真っ正面からの忠告に変わる。『李氏朝鮮は中国への卑屈な服従関係と、不正腐敗を覆い隠す名分として、慕華思想という言葉を用いた。

誇りを失った李氏朝鮮の末路は、亡国しかなかった。今日の日本では、平和主義が李氏朝鮮の慕華思想に相当するようになった』のではないのか、とする著者は、最後に『李氏朝鮮の歴史から学ばねばならないのは、韓民族だけではなくて、今日の日本国民』だと、深甚な批判で締めくくっている」

私は今日の日本は、かつて李氏朝鮮が臣従した中国に依存したように、アメリカを慕って国の安全を委ね、アメリカの属国になり下がっていると思う。これで、よいのだろうか。

加瀬英明氏も、週刊『世界と日本』誌（同一月二十一日号）で、拙著に触れてくださった。

「韓国の崔基鎬教授が近著（『韓国・堕落の2000年史』、祥伝社、二〇〇一年）のなかで、徳川時代の二七〇〇年と李朝の五〇〇年とを比較して、朝鮮が中国を模倣したために道徳が乱れて、滅びざるをえなかったと指摘している。結局のところ、国家の盛衰は徳の力によるものである。崔教授の本は名著であり、広く読まれていることを願う」

韓日両民族が辿《たど》った歴史は、じつに対照的である。今日の日本をつくったもとは何かといえば、徳川時代であるが、法がよく守られ、和が重んじられて、人々が創意と向上心に満ち、優しかった。

徳川時代の日本は、当時の世界のなかで、民衆がどこの国よりも、もっとも恵まれた国だった。演劇と絵画だけとっても、他のあらゆる国では演劇や、絵画といえば支配階級に属していたのに、日本の絢爛《けんらん》華麗な歌舞伎や、後にヨーロッパの近代絵画に〝ジャポニズム〟として大きな影響を与えた浮世絵も、町民のものだった。庶民は外食産業、湯治、伊勢参りの〝パック旅行〟といったように、豊かな生活を楽しんだ。

李氏朝鮮は、民衆に対する徹底した収奪と迫害によって、暗く、おぞましい五百年を韓民族にもたらした。

李氏朝鮮は腐敗しきって、国家の体をなしていなかったのだった。信じられないことかもしれないが、地方長官は無給だった。国が八つの道とその下の郡に分かれていたが、道長官に当たった観察使《クワンチャルサ》（監司《カムサ》とも呼ばれた）も、元《ウオン》と呼ばれた郡守もそうだったが、買官《メクワン》することによって、その無給の地位を手に入れた。無給でも、金のなる木のようなものだったから、買官の対象となったのである。

李朝末期には、観察使のポストは、およそ百万両《ヤン》が相場だった。百万両は今日だったら、十億ウォン（日本円で一億円）に相当するものと推定される。李朝末期の貨幣単位は、両《ヤン》、銭《チョン》、分《ブン》、介《ケ》に分かれていた。

そして任地に着任すると、民衆を無慈悲に搾取して、蓄財した。観察使は、道の司法、経済、軍事をはじめとして、すべての権力を握っていた。

蘇った李氏朝鮮の亡霊＝北朝鮮

北朝鮮は昔の李氏朝鮮が人民共和国の装いをして、そのまま甦《よみがえ》ったものである。そして韓国のほうも、今日の日本が徳川時代という鋳型によってつくられているように、多分に李氏朝鮮の延長となっている。「李氏朝鮮的な」というのは、「中国的な」と言い換えてもよい。韓国は李氏朝鮮的な体質を捨てないかぎり、発展することを望むことができない。

韓国は日本のすぐわきの隣国だというのに、大多数の日本人が韓国の歴史について、驚くほどまでに無知である。もう一方では、韓国民も第二次大戦後に独立を回復してから必要となったナショナリズムのために、自国の歴史を過剰に美化してきた結果として、辿ってきた歴史を正しく見ることができなくなってしまっている。

李氏朝鮮と日本は十九世紀なかばに、まったく似ても似つかぬ異質な国となっていた。両国は欧米の強国による西力東漸の試練に直面すると、一方はその後、大きく世界へ向かって跳躍する機会に変え、もう一方は国として活力を欠いていたために、滅びた。

日本は西洋の列強の軍艦が現われると、初期の段階でこそ、新しい体験にたじろいで混乱したが、その試練を見事に乗り切った。日本はそれからわずか半世紀あまりのうちに、世界の一流国に伍するようになった。

もちろん、西洋の列強の軍艦や、商船は、朝鮮半島へも向かった。西力東漸は、李氏朝鮮と日本の一つの国の力を、験《ため》すこととなった。

西洋に出会った日本社会は、柔構造を持っていた。ところが、李氏朝鮮は社会が五世紀にわたって絶望的にまで腐敗していたために、試練に耐えることができなかった。李氏朝鮮は硬直しきって、撥《は》ね返す力を欠いていていた。

徳川幕府は一六三三（寛永十）年に最初の鎖国令を打ち出し、六年後にさらに厳しい鎖国令を発した。そうすることによって、幕藩体制が完成した。鎖国令の内容は、日本人の海外往来を禁止し、キリスト教の禁圧、幕府によって海外貿易を完全に統制するものだった。鎖国令は江戸幕府の体制維持に、貢献した。

日本では鎖国令が発せられてから二百二十年後の一八五三（嘉永六）年に、アメリカのペリー提督が浦賀に来寇《らいこう》して、国を開いて通商に応じるように要求した。その翌年にペリーが江戸湾に進入して、威嚇したので、幕府は戦争を回避するために、日米和親条約を結び、下田、函館の両港を開くとともに、下田にアメリカ領事館を開設することを認めた。

その四年後に、幕府は神奈川沖に浮かぶアメリカ軍艦ポーハタン号の艦上で、日米修好通商条約に調印した。

同年に、幕府は同じ条約をオランダ、ロシア、イギリス、フランスとの間に結んだ。安政五カ国条約のもとで、さらに下田、横浜、長崎、新潟、兵庫の五港を開き、諸国との間に国際貿易が開始された。イギリスが最大の貿易相手国となった。幕末から明治初期を通じて、日本はイギリスの工業製品市場となって、平和裡に自由貿易体制に参加して、発展した。

吉田松陰は幕末の思想家で、志士として松下村塾を開いて、明治維新を招来するのに貢献したが、高杉晋作、木戸孝允、伊藤博文、山県有朋をはじめ、維新の原動力となった人材を育成した。松陰は幕府の大老であった井伊直弼《なおすけ》が尊王攘夷《じょうい》派に対して加えた弾圧である、一八五八（安政五）年の安政の大獄で、橋本左内、頼三樹三郎《らいみきさぶろう》、鵜飼《うがい》吉左衛門父子などとともに処刑された。

この弾圧は、一八六〇（安政七）年三月に井伊直弼大老が浪人たちによって登城途中に、暗殺された桜田門外の変の契機となった。この事件は二百六十余年も続いた徳川幕府をよろめかせ、その権威を衰えさせた。江戸幕府は一八六七（慶応三）年に王政復古とともに滅亡し、日本は明治維新政府のもとで、近代国家への道を進んだ。

日本の迅速な近代化は、幕末のきらめくような群像たちに負うものだった。もちろん、彼らを育てたのは、日本の社会だった。

福沢諭吉は欧米の近代文明をよく理解した最高の知識人だった。福沢は隣国の朝鮮の近代化を、切望した。当時の朝鮮の代表的な青年学者であった金玉均《キムオクキュン》などと親密な関係を結んで、朝鮮が日本とともに欧米型の近代文明国家を目指すべきであると考えて、物心両面にわたって、協力を惜しまなかった。

福沢は一八六八年に慶應義塾を創立すると、朝鮮から留学生を積極的に受け入れ、朝鮮の立ち遅れた近代化に拍車をかけた。

金玉均や、洪英植《ホンヨンシク》、徐光範《ソクアンボム》、朴泳孝《パクヨンヒョ》たちは、日本から学んだことによって触発されて、開化派を形成した。そして朝鮮の近代化をはかって、一八八四年旧守派に対するクーデター事件であった甲申政変を、引き起こした。金玉均が最年長で三十四歳、朴泳孝が最年少で二十四歳だった。しかし、旧守派が金玉均たちによる近代化の試みを、倭夷化とみなして拒み、清軍が介入したために失敗した。金玉均は三日天下の後に、日本に亡命した。

このような千載一遇の機会を得たのにもかかわらず、李氏朝鮮は五百余年にわたって、儒教の朱子学の原理主義の金縛りにあって停滞していたのと、大国の中国の日蔭に安住してきたために、覚醒《かくせい》することができなかった。

韓民族は〝日本モデル〟を選ぶか、〝中国モデル〟の軛《くびき》によって束縛され続けるのか、選択を迫られたのだった。しかし、中国の病弊から脱することができなかった。

福沢諭吉は幻滅し、一八八五年にやむをえず朝鮮と中国を除外して、日本だけが欧米先進国の仲間入りをはたすべきだと考えを改めて、「脱亜入欧」を提唱した。もし、あの時に、李氏朝鮮が目醒めていたとしたら、その後のアジアのありかたが変わっていただろう。

もっとも、当時の日本は隣国の朝鮮の実情について、暗かった。そこで福沢は韓民族も、日本と同じように近代化をはたすことができると考え、期待したのだった。

そのころ、李氏朝鮮では李朝第二十六代の国王だった高宗《コジョン》（在位一八六三年〜一九〇七年）が幼少だったために、興宣大院君《フンソンデウォンクン》が摂政として、全権を握っていた。

一八六六年に高宗は十五歳だったが、アメリカの武装商船のジェネラル・シャーマン号が平安道《ピョンアンド》沖に現われて、通商を求めて大同江を遡《さかのぼ》った。ジェネラル・シャーマン号が平壌の近くの羊角島にまで到達したときに、軍民の攻撃にあって、乗組員全員が殺害され、同船が焼き払われた。

もっとも、この時にはシャーマン号が小船に乗って接近した役人を捕えて、人質にしたうえで、米や、金、銀、朝鮮人参を要求する恐喝行為を働いたということがあった。平安道の地方長官である平安監司の指揮のもとに、シャーマン号が干潮のために動かなくなったところを、攻撃した。

李氏朝鮮は自らを中国の完全なコピーである「小中華」として誇っていたが、大院君の「鎖国攘夷」と「衛正斥邪《えいせいせきじゃ》」政策をとった。清以外の国は蛮夷にすぎないとみて、洋夷との接触を禁じていた。

大院君はシャーマン号を焼き打ちにした年に、天主教《チョンジュキョ》と呼ばれたキリスト教に対する禁令を発した。キリスト教を西洋勢力の手引きをするものとしてみた。これは、ひどい時代錯誤だった。十六、十七世紀だったら、ヨーロッパ諸国は全世界をキリスト教化しようとする宗教的な熱狂にとらわれていたから、キリスト教の宣教師が侵略の尖兵《せんぺい》をつとめた。

しかし、十九世紀になると、ヨーロッパ諸国では政教分離が行われていたから、民間はまだキリスト教の布教に熱心だったものの、国としては新しい商品市場を求めていた。大院君は在留フランス人神父九人を含む、キリスト教信者を処刑した。その後の六年間で、八千人にのぼるキリスト教信者が、処刑された。三人のフランス人神父が、国外へ逃れた。

フランス人神父を処刑したために、一八六六年にフランス軍艦七隻が、江華島《カンファド》に来攻した。島の北端に上陸して、一時、占領した。フランス軍の一隊が、ソウルへ向かって進撃しようとしたが、江華島の対岸で撃退された。江華島の南端に上陸した一隊も、同じ目にあった。フランス艦隊は、退却した。この事件は、丙寅洋擾《へいいんようじょう》として記憶される。

李朝は丙寅洋擾について、倭館を通じて日本の幕府に報じた。幕府は末期にあったが、隣国も西洋列強による国難に見舞われていることに強い危機感を覚えて、異例なことであったが、李朝に忠告するために、若年寄で外国惣奉行であった平山敬忠と目付の古賀謹一郎の二人を使節として任命して、朝鮮に派遣することを決定した。

夜郎自大にアメリカ艦隊を撃退した大院君《デウォンクン》

この時に、二人が幕閣から与えられた文書は、両国が「唇歯」の関係にあると述べている。これは日本が朝鮮をきわめて親しい国とみなしていたことを、示している。もっとも、李朝は使節を受け入れることに、難色を示した。それにもかかわらず二人の使節は軍艦蟠龍に乗って、江戸を出発したが、大坂に着いた時に、徳川最後の将軍となった慶喜が大政奉還を行ったので、任務が中断された。

丙寅洋擾の五年後の一八七一年に、今度はアメリカのアジア艦隊の五隻の軍艦が江華島にやってきて、シャーマン号事件の責任を追及するとともに、通商のために開国することを要求した。アメリカ艦隊の目的は、通商のほうが大きかった。大院君は徹底抗戦によって臨み、アメリカ艦隊と激しい戦闘を行った。アメリカ艦隊も、撃退された。

李朝は当時の世界の情勢にまったく暗く、宗主国だった中国以外は、西洋諸国を洋夷《ヤンイ》、日本を東夷《トンイ》とみなした。朱子学の原理主義の虜となっていた李氏朝鮮は、今日でいえばアフガニスタンのタリバンのイスラム原理主義と少しも変わらなかった。大院君はフランス艦隊を撃退し、アメリカ艦隊にも勝利したために、鎖国政策に自信を深めて、夜郎自大になって、全国に斥和碑《チョクファビ》を建てて、胸を張った。

斥和碑は高さ四尺五寸、幅一尺五寸、厚さが八寸五分で統一され、材料は花崗岩に限った。

今日では、ソウルのかつての李朝の王宮であった景福宮《キョンボククン》の勤政殿の前に、保存碑がある。一九一五年に市内の鍾路にあった普信閣を移設する時に、わきに埋められていたのが発掘されて、現在の場所に建てられたものである。

碑文には「洋夷侵犯《ヤンイテムボム》　非戦則和《ビジョンチクファ》　主和売国《ジュファメクク》　戒吾万年子孫丙寅作　辛未立」（西洋のオランケが侵入したのに、戦わずに和解すれば、国を売ることになる。ゆえに万代にいたるまで、子孫たちに警告する）と刻まれている。オランケは、満族の夷狄を指す言葉である。

江戸幕府と李氏朝鮮は西洋人を同じように、それぞれ「南蛮」、「洋夷」と呼んだものの、対応の仕方がまったく異なった。

李氏朝鮮は慕華思想と朱子学によって凝り固まっていたから、西学《ソハク》を邪学として斥けてきた。西学は鄭斗源《チョンドゥウォン》が一六一三年に、明から天主教《チョンジュキョ》の書籍を持ち帰ったのが、はじめてのことだった。一六四一年には、北京から戻った皇太子の昭顕世子が、北京で西学を研究したということから、父王の仁祖によって毒殺された。世子といえども、容赦しなかった。たしかに、李朝時代には個人として西学を研究する少数の者が現われたが、日本のように国家として西洋の実用的な知識に関心を持つことがなかった。

韓民族と日本民族は、中国から同じ儒教を受け容れながら、儒教は韓国では呪いとなり、日本には福をもたらした。

日本では徳川八代吉宗将軍の治世の一七二〇（享保五）年に、キリスト教関連の書物についての禁止は続いたが、宗教と科学を分離して、実学について洋書の輸入を解禁した。吉宗は一七四〇（元文五）年に、お抱えの儒者で、書物奉行となった青木昆陽と、幕府採薬御用を務める植物学者で、やはり儒者だった野呂元丈に、オランダ語と蘭学を学ぶように命じている。

ところが、李氏朝鮮は西学をすべてキリスト教である天主教とみなしたので、日本人のようにキリスト教と科学とを、器用に分離することができなかった。

杉田玄白、前野良沢、中川淳庵などが一七七四（安永三）年に『解体新書』を完成させたことは、有名である。西洋の科学書の最初の翻訳書であるが、オランダの解剖書の『ターヘル・アナトミア』を、三年以上かけて和訳したものだった。

日本の幕府は長崎のオランダ商館と折衝するために、和蘭通詞と呼ばれるオランダ語の通訳である幕吏を抱えていた。幕府は一八〇八（文化五）年に和蘭通詞に、フランス語を学習することを命じた。幕府はイギリス軍艦フェートン号が、当時、交戦国であったオランダの商船を追撃して、長崎港に入港する事件が起きると、その翌年に、さらに英語を取得することを命じた。

和蘭通詞はさっそく出島のオランダ商館員から、英語を学んだ。その僅か二年後に、『諳厄《あんぐ》利《り》亜興学小筌《あこうがくしょうせん》』と題する十巻の英和辞書が出版された。「sky　大虚《おおぞら》、glass　玻璃《ビイドロ》、creature

天地造物、light　明《ひなた》」といったように、英語の単語が並んでいる。日本一国だけがアジア・アフリカ諸民族のなかで、近代化を先駆けて成し遂げ、今日でも非キリスト教徒、有色人種のなかで、一国だけ世界主要八カ国サミットの仲間入りをしているのは、あのころから日本民族が健全で、旺盛な好奇心に溢《あふ》れていたからだった。

幕府はその後ほどなく、『払郎察《フランス》辞範』という仏和辞書をつくり、一八一四（文化十一）年には六千語以上を集録した英和辞書である『諳厄利亜語林大成』を完成した。

なぜ、日本は十九世紀なかばに近代国家として生まれかわる活力を蓄えていたのに、李氏朝鮮にはそのようなエネルギーがなかったのだろうか。

李朝では、中国語通訳が漢学訳官、日本語通訳が倭学訳官《ウエハクヨククワン》、蒙古《もうこ》語が蒙語訳官、満語が女真訳官と呼ばれた。女真訳官は、後に清語訳官に改められた。これらの通訳は司訳院《サヨクウオン》に属したが、エリート階級の両班ではなく、中人《チユンイン》階級の世襲職であって、中人がなった。位階は官職として、最下位の従九品官だった。李朝末期には、漢学訳官が二十三名、倭学訳官が六名いた。倭学訳官は倭学訓導《ウエハクフンド》とも呼ばれた。

ジェネラル・シャーマン号の場合には、アメリカ人宣教師のロバート・トーマスが船に乗っていて、通訳した。

李氏朝鮮では「道《ド》」を尊んで、「器《キ》」を蔑んだために、実用的な学問はエリートにふさわしいものとみなさずに、見下されていた。李氏朝鮮の身分制度は、両班《ヤンバン》と常民《サンミン》に分かれていたが、中人は両班と常民の間にあって、科挙の雑貨に応試して、合格すれば、医術、天文、地理、通訳などの技術職につくことができた。軍人も技術職だったから、中人がなった。常民の下に、賤民である奴碑《ヌビ》がいた。

李氏朝鮮は、日本と違って武《ム》を軽んじた。このことも、亡国を招く大きな原因の一つとなった。

韓国で英語をはじめとするヨーロッパ語の辞書がつくられたのは、日韓併合後のことだった。徳川幕府は一八一一（文化八）年に洋書を研究する係として蕃書和解御用という職を設け、一八五六（安政三）年に蕃書調所を設立した。ここには諸藩から一流の洋学者が集められて、外国語教育と西洋軍制などの洋書の翻訳に当たるほかに、科学、数学、画学などの研究が行われた。

ところで、日韓併合が行われた後に、日本は李朝の王室と両班階級の上層部を尊重した。その結果、日本統治時代を通じて、王室は日本の王族に加えられ、高位の両班とその後裔《こうえい》たちが栄えた。

李朝の原型が壊されなかったのだった。そのために、第二次大戦後に独立を回復してからも、南北の二つの国で李朝の鋳型が力をもつようになった。

韓国では今日でも「韓日併合《ハンイルハビョン》」と、「韓」を上につけていうが、日本という強者によって吸収されたのだから、私はあえて「日韓併合」と呼ぶことにする。

来寇よそに宮殿建設に国富を濫費

摂政として最高権力を握った大院君李昰応《イハウン》は、西洋の列強の異様船《イヤンソン》が来寇して、国家が危機に見舞われていたのをよそに、巨額の国費を注ぎ込んでソウルの中心部に壮麗な景福宮《キョンボククン》を再建する工事に取り組んだ。

もう長年にわたって酷政が続いたために、全国が疲弊しきっていたから、大規模な建築事業を興すような余裕があるはずがなかった。李朝時代には、ソウルは漢城《ハンソン》と呼ばれた。

もとの景福宮は、李朝を興した太祖の李成桂《イソンゲ》が、一三九五年に王宮として建立したものだった。景福宮は一五九二年に秀吉による侵略を蒙った壬辰の倭乱で、日本軍がソウルに迫った時に、国王が人民を捨てて逃亡したことに憤って、王宮を襲った群衆によって焼かれて以来、廃《はい》墟《きょ》となっていた。

景福宮は一八六八年に完成した。この年は、日本において明治維新が成就した明治元年に当たった。再建された景福宮は、三百棟以上の殿舎が並ぶ絢爛たるもので、もとの景福宮よりははるかに大きかった。新しい景福宮は李朝を通じてだけでなく、朝鮮半島の歴史における最大の木造建築物となった。

　新しい景福宮は、国王が執務する受朝賀正殿とも呼ばれる勤政殿《クンジョンジョン》を中心にして、王の休息所する思政殿《サジョンジョン》、王が居住する康寧城《カンニョンジョン》、王妃が住む交泰殿《キョテジョン》をはじめとする、多くの殿堂や楼閣が並んでいた。南に光化門《クワンハムン》、北に神武門《シンムムン》、東に建春門《コンチュンムン》、西に迎秋門《ヨンチュムン》があった。

　もっとも、再建された景福宮は一八八二年とその二年後に起こった軍乱によって、二回にわたって一部が焼失した。そのうえで日韓併合後に総督府を建造するのに当たって、整理された。そのために現在では、十数棟しか残っていない。

　今日、景福宮は地方や、海外からの観光客が、かならず訪れる観光の名所となっている。だが、景福宮は過ぎ去った李朝の栄華を物語っているものでは、けっしてない。

　景福宮の再建工事は一八六五年に営建都監《ヨンコントガム》が任命されて、その年に始まった。大院君はこの年に、四十五歳になっていた。

　大院君は景福宮を再建するための費用を調達するために、国王の親戚《しんせき》である宗親や、全国の官吏、一般の人民から、ひろく願納銭《ウォンナプチョン》を徴集した。

　本来、願納銭は自ら進んで寄進するものであるが、強制的なものだった。李朝はすべて金しだいの社会になっていたから、常民や賤民でも、願納銭を一万両差し出せば官職を与えられたし、十万両を納めれば、守令《スリョン》の職につくことができた。守令は、府郡県の長に当たった。

全国の名山や、王陵から材木がつぎつぎと切りだされ、両班の墓陵から石材を供出させた。翌年までに莫大な量の材木が、ソウルまで運ばれて集められた。

ところが、材木の集積場所で大火災が発生したために、貯蔵した原木がすべて焼失してしまった。

それでも大院君はめげることなく、ソウルの四大門に通過税を賦課するなど、さまざまな新しい税を課すかたわら、質が大幅に劣る貨幣を大量に鋳造した。「当百銭《タンペクチヨン》」といわれたが、一銭銅貨の二倍の大きさで、その百倍の価値を与えた悪貨だった。

そのために、悪性のインフレーションが進むようになり、民衆の生活を圧迫した。人々は願納銭《ウオンナプチヨン》をもじって、怨嗟《えんさ》の声をこめて、「怨納銭《ウオンナプチヨン》」と呼んだ。

一八六八年までに、景福宮再建のための願納銭は、七百七十万両が集められた。

工事のために、おびただしい数にのぼる労働者が、全国から強制的に動員された。舞童隊《ムドンテ》や、農楽隊《ノンアクテ》が組織されて、工事現場をまわって、激励した。全国からかり集められてきた労働者の境遇は、奴隷と変わらなかったから、惨めなものだった。

「景福宮打鈴《キヨンボククンタリヨン》」という哀切がこもった歌が、流行した。打鈴は浪花節のような民謡のことである。

〽えー轟《とどろ》く音は、何の音か。景福宮建てる。奴隷が唸《うな》る声。わが国の良材はすべて景福宮の再建のために供えられる。勤政殿の高層は、万朝百官が財を献じる……（『景福宮打鈴』）

大院君はフランス艦隊とアメリカの艦隊を撃退して、斥和碑を全国にわたって建てたことによっても知られているが、今日の金王朝のもとにある北朝鮮に、何とよく似ていることだろうか。

金日成・金正日父子体制が人民が飢えて苦しんでいるのを、いささかも顧慮することなく、壮麗な建造物や、巨大な銅像や、記念碑をつくってきたのと変わらない。

北朝鮮ではこのような工事の時には、労働者を鼓舞するために、建設現場に旗をたて、歌唱隊や、舞踊隊が動員されて、歌をうたい舞う。これは景福宮の建設を思わせる。

このころの李氏朝鮮は、いったいどのような国だったのだろうか？　大院君が生きた当時の腐敗しきって、苛酷な李朝社会を生々しく描いた小説を読むことによって、理解することができる。

李人稙《イインジク》は韓国の最初の現代小説家として有名であるが、一八六二年に両班の家に生まれ、一九一六年に没した。

一九〇六年に万歳報が創刊されると主筆となり、二年後に自ら大韓新聞を創刊して、社長に就任した。万歳報は東学党の母胎となった宗教結社であった天道教が、創刊した新聞だった。

李人稙は一九〇六年に『血の涙《ヒョルヌ》』と題する小説を、万歳報に連載した。この年は、日本が日露戦争に勝った翌年に当たった。そして、一九〇八年に『銀世界《ウンセゲ》』を発表した。

この二篇の小説は、それまでの李氏朝鮮社会の苛斂誅求《かれんちゆうきゆう》の実相を、あますところなく暴露したものであるとともに、その社会秩序を徹底的に改革しようと図ったものだった。

「わが国の人たちは自分のことだけを考えて、他人はどうであれ、いささかも顧みることがなく、それぞれの欲望だけを充たそうとした。他人は死のうが生きようが、国が亡ぼうが、興きようが、自分だけが偉くなって、豊かになることだけを、第一と考えている」(『血の涙』)

これは、韓国民の利己主義を戒めた警告であった。しかし、それから百年近くたっているのに、この言葉は残念なことに、多くの今日の韓国人に当てはまる。李人稙は為政者が清日戦争を自国内でひき起こさせたと指摘するかたわら、李朝の官僚の残虐性を厳しく指弾した。

李人稙は一九〇〇年に日本を官費留学生として訪れて、東京政治学校で学んだ。そして学校を中退した後に、一時、都新聞で見習記者として働いた。そのころ、都新聞に連載された軟派小説を耽読《たんどく》して触発され、小説の筆をとるようになった。

『銀世界』は大韓新聞に連載された。李人稙の二つの作品は、民衆を主人公にすえたものであったが、多くの民謡を挿入した独得な筆致によって、たちまち人気が沸騰した。

「平安道の常民(百姓)たちにとって閻魔大王《エンマデワン》は、二人いる。一人は黄泉《よみ》におり、もう一人は平壌の宣化堂《ソンファダン》(監司の執務処)に坐っている監司である。

黄泉にいる閻魔大王は、年寄りになったか、病気になって、もう生きてゆくのが辛い人間をとらえるが、平壌の宣化堂にいる監司は、体が丈夫で、財産が豊かな人たちを、順番に捕えてゆく。まるで生きた閻魔大王として、おのおのの家の家主《カジュ》を兼ねているようにみえる。告祀《コサ》を存分に施せば、突発的な事故は起こらないものの、告祀が不充分であったら、動土《トント》（突然に起こる事故）に見舞われて、一家が全滅する憂き目にあう。自らの努力によって、わがものとした財産を、思うままにつかえないのだ」（『血の涙』）

監司は道長官のことであり、観察使とも呼ばれて、道の人民の生殺与奪の権を握っていた。告祀は家族神に、家内の無事安泰と、豊年と、加護を祈る祭事である。この時に、餅や酒を近隣の家に配る習慣がある。

家主は世帯主であるが、供え物が足りなければ、家族神によって罰せられた。告祀は今日の韓国でも、家の新築や移転、昇進、合格などの慶事があった場合に催されている。

監司はまさに閻魔大王のような存在だった。

疲弊する人民、怨嗟の声満ち満ちて…

官僚や、地主であった両班の残虐な行為は、あらゆるところで行われた。常民にとって陽光や、雨や風のように、当然のこととなっていた。李朝社会には人権がまったくなかった。

「わが国の常民（百姓）は、自分の生命さえ他人にまかせた生活をしているから、じつに悲惨である。そのうえ、国土に他国の軍隊が押し入ってきて、戦争をする。外国軍は淫らな行為も、働く。常民が外国軍の刃によって殺されるのは、わが国が強くないためである」（『血の涙』）
「両班たちが国を潰《つぶ》して、亡ぼした。常民たちは、しばしば横暴な両班によって、殺された。少しでも気にいらないことがあれば、始終殴られ、もし財物があれば取りあげられ、妻が美しければ、妾として奪われる。
小人のような常民は、自分の財産も、自分の妻も、自分の生命も守ることができなくて、両班の気儘《きまま》に委せねばならないから、国のために尽くす力もない。常民は少しでも思うことを喋《しやべ》れば、殺されるか、肘や、膝を折られてしまう。
常民は両班の刀剣の前に、ただの人間としての値打ちすらない。動乱が起きるのも、両班の所以《ゆえん》である」（同）
李朝の末期には、王室による浪費が重なった結果、宮中の内帑金《ないどきん》が底をついたために、売官売職《メグワンメジク》が横行した。道長官である監司は俸禄がなかったのに、百万両の相場で売官された。一両は今日の日本円で、おそらく百円ほどに相当しよう。
監司や、郡守に当たる守令も、まったく無給だった。それなのに高額の賄賂《わいろ》をつかって、その地位を手に入れた。不正な手段を用いて、それ以上の収入が見込めたからである。そこで赴任すると、容赦なく民衆から収奪した。

　官吏の登用試験である科挙制度も、金しだいで合格が決まった。科挙は中国の制度を模倣したものだったが、高麗時代に導入された。李朝では科挙は十九世紀に入ると、いっそう腐敗が進んで、公然と金銭で売買する物権にすぎなくなった。

　科挙の試験は、小科《ソカ》と大科《デカ》に分かれた。両班だけに受験資格が限られていた。生員《センウオン》、進士《ジンサ》の資格をとる小科の合格相場が三万両であり、文科と武科の大科に合格しようとすれば、賄賂として十万両を上納しなければならなかった。小科が下級官吏の資格試験であったのに対して、大科は上級官吏になる資格をえるものだった。

　もっとも、科挙に合格したからといって、かならず役人になれるわけではなかった。そのうえ上級官吏も、下級官吏も、ほとんど給与がなかった。監司や、守令などの地方長官は無給だった。そこで賄賂をとることが、当たり前のように行われた。

　中国と同じように、役人と賄賂が一体になっていた。慕華思想といって、李朝が中国を師と仰いでいたのが、不幸なことだった。韓民族は李朝を通じて、中国の呪いから抜け出すことができなかった。

　科挙は三年に一回実施されていたが、第二十六代目の国王の高宗の代には、景福宮の建設費用を調達するためもあって、賄賂を集めるために、年に十回も科挙が行われた。当然、科挙に合格する者が増えたが、それだけの官職がなかったから、役人の交替を頻繁に行うことによって、合格者の不満を和らげるとともに、官職は売官による収入源だったから、王室の収入を増すことが図られた。

李人稙の『銀世界』は、ある篤農家を見舞った不条理な悲劇を、題材としている。小説の舞台となった京金村は、江原道江陵《カンヌン》の山の谷間にある。

西江陵は、風雪が多いことで有名である。冬に強い季節風が吹けば、屋根瓦が飛び、積雪の多い時は、軒下まで埋まる。

しかし、峰の反対側の東江陵は風も穏やかで、雪も少ない。そこに京金の山里がひろがっている。しかし、冬には一面、銀世界になる。

この作品は、実話をもとにして、脚色したものだった。

僻地であるが、村人が勤勉を競い合って田畑を耕し、鶏や、豚や、牛の畜産に励むことによって、豊かな村を形成していた。家々では昼夜区別なく、機織《はた》りの音が間断なく外に漏れた。

村人は手足が摩耗するほどまで、勤勉に働き、節約に徹して、一分一銭を積み重ねた。やせた土地を開墾して、肥沃な土地に変え、年々、穀物の収穫量が増えたために、富農といわれる家が多かった。家族が力を合わせて働き、年間の米穀生産額が一千石あまりの収穫をあげた家も、少なくなかった。

このなかでも、村人は崔秉陶《チェビョント》を手本とした。崔秉陶は三十歳だった。崔夫婦は仲睦《むつ》まじかったが、互いの誕生日も忘れて働き、質素な生活に徹したことによって、かなりな財産をつくったという評判が広がり、その勤勉の精神を見習う風潮が、村全体に及んだ。二人と同じような生きかたを、実践する村人が増えた。

監司や、守令は着任すると、すぐに道内の富裕者のリストをつくらせた。監司は自らを巡使道と呼ばせ、村々の富裕者のあらをさがして罪状を捏造《ねつぞう》して、自ら判事長になって、その財産を奪った。巡使道は御使道《オサト》と同じように、中央から地方を巡察する御使である。判事長は裁判官のような地位だが、正式な職名ではない。

地方の長官は頻繁に交替したから、在任中にできるだけ大きな収入をえなければならなかった。李朝末期になると、在職期間は一年そこそこだった。

篤農と節約によって富裕になった農家の主に、無理矢理に罪を被せて、罪人に仕立てあげることは、監司が任命した稗将《ピジャン》たちの仕事だった。稗将は監司や、守令に随行する武官のことである。

ある夜中に、崔秉陶の家に六名の無頼漢が侵入した。江原道の鄧監司が派遣した将差《ジャンチャ》であると名乗って、巡使道の命令によって、罪人である崔秉陶を捕えにきたと告げた。そして崔氏を捕縛して、原州にあった監営まで連行するといった。監営は監司の執務処である。しかし、崔秉陶は正直者であって、罪を犯すような真似をしたことすらなかった。

将差は罪人を護送する武官であるが、稗将と同じように監司や、守令が勝手に任命した。

将差たちは捕縛した崔秉陶を脅迫して、自分たちの草履の摩耗代《マモテ》として、数百両を要求した。

草履摩耗代は、役人が車馬賃を脅しとる時に用いる言葉である。

突発的な出来事に、村の青年が夜闇《やあん》のなかに、一人、二人と、崔家の前に集まり、やがて数十名になった。

青年たちは、崔秉陶が「村の先覚者であるばかりでなく、模範とする優れた人格者であるのに、何の罪があるのだ」と叫び、将差たちに挑みかかった。

青年たちは興奮して、将差たちを打ち殺そうとした。形勢が逆転したので、無頼漢たちは「どうか、助けてください」と哀訴しつつ、しまいには膝を屈して、命乞いをした。

崔秉陶は「監司が罪もない自分を、処罰するはずがない」といって、村の青年たちに将差を解放するように説得したうえで、将差たちに七百両を車馬賃として与えた。将差たちは喜び、さかんに謝意を表しながら、監司に自分たちから崔秉陶が無実であることを報告するから、「すぐにでも釈放されましょう」と言って、崔秉陶を安心させた。

崔秉陶は将差とともに、原州《ウォンジュ》にある監営まで行った。

ところが、監司に会うという前に、罪人として縛りあげられたために、騙《だま》されたことを覚った。

監司の命令によって、刑吏が崔秉陶のあらかじめ用意された罪状を、読みあげた。

「崔秉陶よ。よく聞け。お前は親不孝者であって、兄弟と仲が良くない。これは容赦できない大罪であるから、徳によって教化してやろう」

監司は鹿をつかまえた虎のように、腹一杯喰べられる喜びを感じながら、官庭に引き立てられた崔秉陶を眺めまわした。崔秉陶は怒相をした役人に囲まれて、鷲《わし》に捕えられた小鳩のように、意気消沈した。

左右に並んだ刑吏たちが、いっせいに声を張り上げ、「刑を処せ！」と怒鳴った。

崔秉陶は名文家であり、雄弁家であった。そこで、こう抗弁した。

「父兮生我、母兮鞠我、欲報之徳、昊天罔極（父親が私に生を与え、母親が私を養った。父母の恩は果てしなく広く、深い）。父母の恩恵を返せない者は、まことに天地の間の罪人である。ところが、自分の場合には父母の恩を返せなかったとしても、何の罪になろうか。母は私を産んで、産後病いが悪化して、二十一日後に亡くなり、父親が自分のために村中をまわって、貰い乳をして養ってくれた。しかも、父親も私が一歳の誕生日を迎える前に亡くなった。その後、叔母がかわって私を養ってくれた」

「だから、私が成長してからも、粥《かゆ》の一滴さえ、飯一椀《わん》さえも、自分の手で父母に奉養できなかった。不孝の罪は『五刑之属、三千而罪、莫大於不孝』というように、刑法が定めた五つの罪のなかで、もっとも重い罪であり、父母の恩を返せなかった大罪を免れることはできない」

「また、兄弟既翕、和楽且湛（兄弟が和合、和楽すること）が重要であるのに、私は独り子で、兄弟も、姉妹もいない。一生、兄弟の友愛を知らない罪は大きいだろうが、これは天が私に授けた罪である。巡使道は私の罪をどのように処罰して、どのように法を運用するつもりなのか」

「罪疑惟軽（疑うだけであれば、罰しない）という格言があるが、なにとぞ正しい判断を下されることをお願いする」

庭に集った監営の家臣たちの間から、「崔秉陶には罪がない。気の毒だ」という同情する声が漏れた。

監司は崔秉陶を「官庭発悪罪《カンジョンバルアクジェ》」の咎《とが》によって、刑台に縛って、別刑《ピョルヒョン》杖《ジャン》をもって笞刑を始めるように命じた。「官庭発悪罪」は、役人が良民から金を捲きあげるために、無実の罪を着せようとするのに対して、正論をもって立ち向かう罪である。

棍棒《こんぼう》で人を殴ったり、拷問する役人である執杖使令たちが、右往左往して、きつく縛った崔秉陶の両脚の間に散杖を挟んで、力いっぱい捻《ねじ》ることをはじめ、あらゆる拷問が行われた。

崔秉陶に対する拷問は、六カ月にわたって、休みなく続けられた。しかし、崔秉陶ははっきりした罪状を明白にしないかぎり、自白することを拒んだ。

正義の志士であったから、売官売職の汚吏である観察使のやりかたに憤懣《ふんまん》やるかたなく、毎日続けられる拷問に屈することがなかったために、ついに釈放された。しかし、帰宅する途中に死亡した。

監司に財産を贈ることを断り、高位の人々を知っていなかったのが、罪だった。

崔秉陶の妻は二十八歳で、妊娠十カ月の臨月になっていて、身体を動かすことも不自由だったが、夫が無実の罪によって死んだために、狂人となった。

現代韓国にも引きずる為政者の腐敗・堕落

江原の監営の奥では、毎日昼夜の区別もなく、妓生たちの歌声と太鼓の音が響き、舞いや踊りが繰りひろげられていた。輝煌燦爛《ヒファンチャンサン》――光彩がまぶしく輝き、贅《ぜい》を尽す――の毎日である。

そのかたわら刑場では、無実の罪を着せられて、稗将や、衙前《アジョン》――雑用をする下級役人――たちの棍杖による拷問にたえかねて、悲鳴をあげる人々の声が絶えなかった。監営では喜悲の音声が交錯していたから、まさに極楽と地獄が共存するところだった。

李人稙の小説は、李朝社会の非道を告発したものであった。『血の涙』と『銀世界』を読むと、韓民族が豊かな才能を持っているのに、どうして李氏朝鮮が滅びるほかなかったのか、よく理解することができる。

今日の韓国は民主主義国家であるはずなのに、李氏朝鮮の鋳型をいまだに捨てることができないでいる。歴代の政権が不正な金に、まみれてきた。

韓国のマスコミはもう長いあいだ、自国を自嘲《じちょう》の念をこめて、「腐敗共和国《プベコンファグク》」と呼んできた。そして、いまでも国民のあいだで「賄賂の取りかたに百態《ペクテ》ある」とか、「有銭無罪《ウジョンムチェ》、無銭有罪《ムジョンウチェ》」といった言葉が、日常会話のなかで用いられている。

韓国民の性格は、このような歴史のなかで形成された。歴代の政権がきまったように政治の浄化を叫んでも、どの大統領も身内や、側近の不正蓄財から逃れることができないでおり、その悪習を絶つことができない。

李氏朝鮮は中国と同じように中央から官吏を派遣して、全国を統治した。監司や守令たちは、着任すると、在任中に人民をほしいままに搾取収奪して、蓄財した。今日でも韓国でもっともよく知られている歴史小説といえば、十八世紀の李氏朝鮮を舞台にした、貴公子と妓生との恋愛物語である『春香伝《チュニャンジョン》』であるが、李人稙の作品と同じように、腐敗した悪代官による苛斂誅求を、生々しく描いている。

そのうえ、高級官僚である両班たちは威張りちらしたり、贅沢に耽《ふけ》ることを好んだものの、労働や、商業や、製造業を卑しんだ。両班は額に汗してはならなかった。これらの地方長官たちは、自分の懐を肥やすことだけに熱心で、殖産を振興することに、まったく関心がなかった。

そこへゆくと、日本は幸いなことに江戸時代を通じて、数百にのぼる自立していた半独立国である藩に、全国にわたって分かれていた。それぞれの藩は力をつけるために、殖産に力を注いだ。李朝は、日本のような分権国家ではなかった。

明治以降の「富国強兵」の精神は、徳川時代のこれらの藩によって、培われたものだった。日本を世界の一流国に伍させた「富国強兵」の雛型《ひながた》が、藩にあったのだ。

それに徳川時代の日本の支配階級を形成した武士たちは、ことさらに勤労を重んじて、質素に徹することを旨としていた。日本では武士は、日常、粗食していた。最後の将軍となった徳川慶喜は、水戸時代は一汁二菜だった。ところが、李朝では支配階級は食卓の「脚が折れるほど」まで肉や魚を並べて、当然のように美食と飽食に耽った。

徳川期の日本の武士は、李朝の役人と違った。武士は浪人を除けば、全員が藩から俸禄を支給されていたし、何らかの役職についていた。

日本では古代から人民は、天皇のもっとも大切な財産という意味で、「大御宝《おおみたから》」と呼ばれて大事にされた。「大御宝」は、農業に従事する良民を指した。このような伝統は、徳川時代にも受け継がれた。中国と李氏朝鮮では、人民は搾取する対象でしかなかった。

それにしても、韓国語の語彙《ごい》のなかに、「官庭発悪罪」から「草履摩耗代」まで、役人による不正を表す言葉が、何と多いことだろうか。今日でも、火災や、水災と並んで、「官災《クワンジェ》」という言葉が、日常語のなかに残っている。

明治以後の日本の飛躍は、徳川時代がその助走に当たった。それに対して李氏朝鮮は、国の名に価いしないまでに、腐り切っていた。

李氏朝鮮は李成桂が李朝を興した時から、士禍と呼ばれた党派抗争に明け暮れした。血で血を洗う権力闘争が、続いた。党争は李朝の最大の特徴といわれている。

李朝五百年の間に、二十七代にわたった国王のうち三人が抗争に敗れて、流刑にされる憂き目にあって、恨みを呑んで死に、二人の世子（皇太子）が殺され、十六人の王子が処刑されるか、殺害された。王后や、王の母妃や、王族も、処刑されるか、幽閉されたり、流刑に処される悲運に、しばしば見舞われた。

日本では徳川二百七十年を通じて、和と法の精神を尊んだから、このようなことはまったく起こらなかった。

宮廷に跋扈《ばっこ》する両班たちは、儒教の朱子学の教義のつまらぬ解釈や、些細な宮中儀礼のありかたを政争の道具として用いて、党派を組んで権力抗争に耽った。

李朝は荒《すさ》みきった王朝だった。五百年の間に政争に敗れた、数千人にのぼる高官と、その一族が処刑されたり、家族の場合には生命を奪われるか、奴隷である奴婢《ぬひ》の身分に落とされて、売られた。

そのために、韓民族は「恨」の民族と、自らを呼ぶようになった。韓民族の悲劇は、李成桂が中国に国を売って、中国の属国になった時から始まった。

国王急死の混乱に乗じ、大院君、政権の中枢へ

大院君《デウオンクン》となった李昰応《イハウン》は王族の一人であったのに、赤貧を洗うような生活を送っていたが、嗅覚《きゆうかく》を働かせて立ち回り、国王が急死したのをきっかけにして、絶対的な権力を握った。

第二十五代の国王だった哲宗が一八六四年に、三十二歳で急死した。この時、昰応は四十四歳だった。哲宗には跡を継ぐべき、男子がいなかった。李朝は創建された時から、絶え間ない権力闘争の嵐のなかにあった。

大院君は世子（皇太子）ではないのに即位した国王の父に与えられる称号である。大院君は国太公《ククテコン》とも呼ばれた。それでも、李朝を通じて大院君といえばもっとも権勢を振るったことから、昰応を指している。

王族のなかにも冷遇され、日々の糧に不自由していた者が少なくなかった。昰応は天文台の跡のあばら屋に住み、不遇をかこちつつ、庶民と夜な夜な交わって酒を飲み歌に興じ、下賤な妓生たちと戯れる放蕩《ほうとう》な生活を送っていた。昰応はそのようなことから周囲から宮乞人《クンゴルイン》と呼ば

れて、軽蔑されていた。

是応は鋭い爪を隠していた。是応は燃えるような野心を秘めていた。両班であれば誰でも、機会さえ摑《つか》むことができれば、栄達して富貴栄華を獲得することを求めた。

李朝では勢道政治《セドジョンチ》が、猖獗《しょうけつ》をきわめていた。

勢道政治という言葉は、一つの家門が政治を壟断《ろうだん》して、一族で権力を私するという意味である。しかし、この言葉は日本語のどの国語辞典をひいても出てこない。

韓国語でやはり勢道政治を意味する「世道政治」という言葉も、日本語に存在していない。このように韓国語と日本語の語彙が違っていることは、両国民の精神構造が隣国でありながら、大きく異なっていることを示している。

そういえば、「清吏《チヨンリ》」という言葉も、日本語では使われない。韓国では今日でも役人といえば、すぐに汚吏や賄賂を連想するが、日本では近年になって中国か韓国の影響を蒙《こうむ》ったのか、綱紀がだいぶ乱れるようになっているものの、役人といえば、ずっと清潔であるというイメージがもたれてきた。

李氏朝鮮では一族を中心とする血縁社会が、至上の母体となっていた。一族の利益のほうが、公益よりも優先された。一族の利益を何よりも上に置くことは、李朝を通じて唯一つの思想となった儒教が、孝を至上の徳目としていたことによって助長された。

韓日関係は両国が同じ儒教圏にあるのに、どうして難しいか

差異	韓国	日本	備考
1）歴史認識の問題 社会と法	(1) 2月に、KBS歴史番組で高野新笠の陵墓を放映し、百済王姓が和氏（日本人姓）だと指摘 (2) 和氏が大和の源流 (3) 高天原は韓国・加耶の高霊 (4) 血族主義：アブラハムの子孫 (5) 法より、コネと賄賂	12月23日の天皇の“皇室に韓国の血が流れている”とのお言葉 (1)『続日本紀』の高野新笠の天孫降臨の解釈 (2) 宗像三社の縁起 (3) 九州の日向。皇道史観 (4) バラバラな共同社会 (5) 遵法徹底、不法を許さず	『日本書紀』『古事記』『続日本紀』 日本は正史観念。韓国は李朝以後は歴史を常習的に改竄 韓国：前科者が政治を支配 日本：前科を嫌悪
2）政治、社会	(1) 帝王的大統領制・人治 (2) 法の上の雲上人 (3) 公私の混同	(1) 法治確立 (2) 和の精神 (3) 公私を峻別	韓国は親日派という冤罪を着せる（北の流れによる）
3）儒教・朱子学	(1) 李朝、利己主義と権力欲 (2) 孝と仁を強調 (3) エネルギーが内へ向かう (4) 一枚岩 (5) 排他的 (6) 勤労を軽視して、非生産的 (7) 父母、年長者を敬う (8) 李氏朝鮮の原型が継続 (9) 一族中心	(1) 公共心高い協同社会を構成 (2) 忠と義を強調 (3) エネルギーが外へ向かう (4) 多元的 (5) 包容的 (6) 勤労意欲を尊重し、生産性が高い (7) 父母、年長者に対する関心が稀薄 (8) 立憲民主主義 (9) 愛国心	日本は儒教を日本の国柄に合わせて、優しい儒教につくり変えた
4）北朝鮮	(1) 北の住民は今日、日帝時代のほうがよかったと、過去を慕う (2) 体制は李朝の完全なコピー	(1) 北に対する贖罪意識はもっての他 (2) 北では悪政が国を潰した	日韓米は力を合わせて、金王朝体制を一日でも早く倒す政策をとるべきだ

儒教は中国の孔子（紀元前五五一年―前四七九年）を始祖として生まれたことから、西洋では〝コンフューシャニズム〟（孔子教）と呼ばれている。孔子はすべての徳目が孝から発し、孝があらゆる徳目の端緒となると、説いたのだった。

ところが、日本人は儒教を、中国で生まれたまま取り入れることをしなかった。韓日民族の社会の仕組みの違いは、それぞれの民族がどのようにして儒教を受容したかということに、よく表われている。

日本では公益が、一族の利益よりも尊ばれた。日本人は儒教を海外から物事を摂取する場合に、いつだってそうするように、解体したうえで自分勝手につまみ食いした。儒教を日本人の好みに合うように換骨奪胎して、基本を変えて、忠を孝よりも上に置いた。

日本人はすべての徳目が、忠から発するとみなした。これは、もとの儒教の教えから、逸脱するものだった。しかし、そのために中国や、李朝のように、一族の利己心によって社会が腐敗にまみれることがなかった。そして、そのために明治維新という近代化を、見事に成し遂げることができた。

李朝は太祖となった李成桂が、クーデターによって天下を簒奪《さんだつ》すると、高麗朝が仏教を国教としていたのを廃した。高麗は仏教国として栄えていた。儒教は倫理学の一部としか、みなされなかった。高麗時代の優れた朱子学の儒者だった安裕《アンユウ》（一二四三―一三〇六年）は、「香がたち、灯火が明るいところは、仏教の法要が行われており、尺八と笛が鳴る家では、家神に対する礼拝が催されているが、孔子を祭っている祭祀堂には雑草が生い茂り、人影がない」と嘆いた。

千利休や、津田宗及《そうぎゅう》をはじめとする日本の安土桃山時代の茶人たちは、「高麗茶碗」を珍重したものだった。仏教国の高麗は、日本にもっとも似た社会をつくっていた。

李成桂は李朝を建てると、自らの正統性を確立するために、崇儒抑仏《スンユヨクブル》を強行した。高麗が「崇仏尊武《スンブルジョンム》」を国是としていたのを「崇儒尊文《スンユジョンムン》」をもって代えた。

李朝は仏教を全国にわたって徹底的に弾圧して、財産を没収し、寺を壊した。仏僧は賤民の身分に落とされて、国を儒教一色によって染めあげた。仏寺は深い山のなかへ逃げ込み、日韓併合後まで平地に戻れなかった。

ソウルの骨董店は、日本人の観光客で賑《にぎ》わっている。日本人は古い仏像を好んでいるが、韓国では骨董屋で売られている、ほとんどの仏像が頭部を切り落とされている。李朝が排仏を行った時に、仏教を敵視して仏像を破壊したからだった。

今日、韓国では日常生活のなかで、茶を飲む習慣が失われてしまっている。茶はすっかり廃《す》たれている。これは茶と仏教が、一つのものだったからである。李氏朝鮮では中国の使節を接待するために、ごくわずかな量だけが栽培されていた。

日本は儒教を、仏教と神道という細い網の目に濾《こ》したうえで、輸入した。

日本では徳川幕府が李朝と同じように、儒教の朱子学を政権を支える教学として採用した。李朝では儒教を血縁社会の結束を強めることに加えて、中国の歓心を買うことに用いたが、日本では儒教のなかの一部だけを取り出して、主従関係の紐《ひも》を強めることがはかられた。そこで日本では、儒教の孝《ヒョ》、仁《イン》、義《イ》、忠《チュン》の四つの徳目のうち、忠と義を中心に据えた。

李氏朝鮮では孝と仁に、日本では忠と義に重きが置かれた。李氏朝鮮では儒教の価値体系が血縁社会という内へ向かったのに対して、日本では公益という外へ向けられた。李朝の両班が一族という内へ向けた人格を形成したのに較べて、日本の武士は外へ向けた人格を持った。

李氏朝鮮では朱子学を額面どおりに取り入れたので、朱子学が硬直した一枚岩になって、他のいっさいの思想を異端として拒んだ。李朝では儒教が他の教えをいっさい受けつけずに、排他的に機能したが、日本では多元的なものとなって、柔軟に運用された。

朝鮮では「忠臣蔵」の思想は育たなかった

李朝時代を通じて、多くの小説が著された。これらの小説を読むと、主人公は正義の人であっても、つねに高い官職と家門の栄達を求めて生きている。あの時代だから、李氏朝鮮でも、日本でも勧善懲悪の物語になるが、日本の代表的な作品である『忠臣蔵』のように、公のために家や個人が犠牲になったという物語が、一つもない。

李氏朝鮮では、国とか、国王のためといっても、実をともなわない美辞でしかなかった。

韓国では、今日でも蔑もうとする時に、「一族を滅ぼす奴《イルチヨクウルミヨルハンノム》」というのが、相手を罵倒《ばとう》する最大級の言葉となっている。

ところが、日本人にそういったとしたら、キョトンとして、まったく意味が分からないだろう。他方、韓国人のほうは日本人がこのような言葉を理解しないのに気付いて、「やはり日本人は禽獣《クムス》に近いのだ」と胸を張ることになる。

「族譜から抜かれた奴《ジヨクプエソバジンノム》」という言葉も、人間として値打ちがない、屑《くず》のような奴だと、きめつける悪口だ。族譜は家系図のことである。といって族譜は、日本の家系図のような手軽なものではなく、祖先から始まって、代々にわたって全員が漏れなく記載されているから、百科事典のように数十冊におよぶものだ。

それに日本人は、有徳の者である君主が天の命令である天命によってのみ、人民を支配することができる、という儒教の易姓革命の教えを、紙屑箱にほうり込んでしまった。易姓革命は君主が天命を失ったら、新たな有徳の者へ支配権を禅譲するか、放伐されるか、追放されるものである。李成桂にとって易姓革命は李朝の正統性を裏付けるものとなったから、好都合なものだった。

それに歴代の徳川の将軍は、有徳な最高権力者であることを装わなかった。もちろん、有徳であることが望まれたし、そのような努力をするべきだと考えられた。このような日本人の人間観のほうが、現実的で、無理がないのだ。そこで政治が功利的に運営された。だから幕末に将軍から天皇へ、大政奉還を成し遂げることができた。

科挙制度は朱子学に通じている有徳で、教養のある士を、官僚として採用する資格試験であった。しかし、日本はこの制度を、自分たちの肌に合わなかったから、中国から導入しなかった。

科挙の高等官の資格試験である文科と武科では、自国の歴史ではなく、宗主国である中国の王朝史である経史が試験科目となっていた。李氏朝鮮は自ら「小中華《ソチュンファ》」と称して、宗主国を崇めた。日本人は独立意識があまりにも強かったから、このような国家試験を行うことは、考えられなかった。

徳や正義を標榜《ひょうぼう》すると、権力者はいくらでも徳や、正義を自分の都合のよいように解釈して、操作することができる。このような社会は法によって治められることがなく、粘土細工のような徳や、正義を名分として掲げた人治社会になる。そして、このような仕組は当然のことに、虐政をもたらすことになる。これはマルクス主義国家が後になって、おぞましい例を示した。

儒教は賢明で、完全無欠な有徳の士が、徳治を行い支配することを建前とした。今日の北朝鮮は、まさに朱子学国家である。完全無欠な有徳者であることを装った金同志が、徳治を行っているのだ。

勢道政治は二十二代の王である正祖《チョンジョ》（在位一七七六年～一八〇〇年）の時から、始まった。

正祖は二十四歳で即位した。ところが、正祖は政治に関心がなかったから、いっさいを洪国栄《ホングギョン》に委ねた。洪国栄は正祖が王世孫の時に、自分の妹を正祖に元嬪として、提供していた。嬪は妾という意味である。

洪国栄は、今日なら官房長官にあたる都承旨《トスンジ》と、近衛司令官にあたる禁衛大将《クムウィデジャン》を兼ねて、権勢を振るった。しかし、謀略にあって失脚し、江陵へ流刑されて、そこで病死した。李朝においては間断なく、中傷や、陰謀が渦巻いていた。

そして二十三代から二十五代まで、王が十代の幼さで即位したために、勢道政治が本格化した。王はまだ王として采配《さいはい》を振るう能力がなかったから、母后、あるいは大王大妃と呼ばれる祖母王后が幼王を擁して、御簾《みす》を通して指示を発する垂簾聴政《スリョムチョンジョン》が行われた。そして権力を握った一族が、王の専制権力を自由にした。一族は娘や親族を王妃として、嫁がせることをはかった。

第二十三代の王の純祖《スンジョ》が十一歳で即位してから、純祖の祖母の貞純王后と、その生家の安東《アンドン》金氏一族が、要職を独占した。

安東は慶尚北道の中心部にある湖畔の町で、安東金氏の発祥の地である。今日でも韓国で珍重されている、もっとも美味な安東焼酎によっても、知られている。

純祖は一八三四年に、四十四歳で死んだ。純祖には世子（皇太子）の翼宗《イクチヨン》があったが、父王の在位中に死んだために、その八歳の孫であった憲宗《ホンジヨン》が即位した。孝明世子は死後になって、翼宗の名が贈られた。憲宗は孝明の子だった。

もっとも、憲宗の治世に金氏一族による勢道政治に対して、国内で不満が募ったために、世子の憲宗の外祖父に当たる趙氏一族を要職に起用したことがあったために、趙氏一族が一時期だけ、金氏と権勢を競ったことがあった。しかし、その後、趙氏一門は金氏によって権力の座から駆逐された。

憲宗は一八四九年に死んだが、跡継ぎの男子がなかった。金氏一族は王族だった哲宗《チヨルジヨン》を選んで王位につけた。この時、哲宗は十九歳だったが、字もよく読むことができずに、無学だったので、目論みどおりに金氏の傀儡《かいらい》となった。金氏一族は一族の娘のなかから、哲宗の王后を選んだ。

ところが、哲宗が死ぬと、やはり男子がなかった。

王室章典では跡継ぎがいない場合には、王位継承者の決定権が、先王の王妃にあった。純祖の王妃が先立っていたので、翼宗の妃であり、宮中で最長老だった趙大王大妃に委ねられた。

趙大王大妃は、金氏によって追われた趙氏の出だった。そこで表には出さなかったが、金氏一族に対して、深い憎しみをいだいていた。是応は趙大妃が金氏一族を怨んでいるのを、よく知っていた。

是応は憲宗が没する前から、人目を盗んで、秘かに趙大妃の甥《おい》たちや、宮女たちに接近して、自分の次男の命福《ミョンボク》を次の王にすることによって、金氏一族を追放して、王権を取り戻すべきことを説得した。これは万一、露見したら、命を奪われることだった。そして、趙大妃と密談を重ねた。

そうすることによって、命福が十一歳で、第二十六代の高宗《コジョン》王として即位した。是応の謀略が成就した。これは宮廷クーデターだった。幼王だったから、貧しい放蕩者だった是応が大院君となって、摂政として就任した。大院君は幼王となった、わが子という全能の切り札を握った。このために、勢道政治家の安東金氏一派は、没落した。

安東金氏による勢道政治が、どのようなものであったのかといえば、十九世紀初めから執権した勢道家の金氏のうち、金左根《ジャグン》と金興根が前後して、総理大臣である領議政になり、金炳冀《ヒョンギ》は従一品の大臣級である左賛成、金洙根《スグン》は正二品で、大臣級である吏曹判書、金炳弼《ヒョンピル》は承旨《スンジ》、金炳国《ピョングク》は訓練隊長、金炳学《ヨンハク》は大提学になった。このように安東金氏が、高位の官職を独占した。

吏曹判書は首相格であり、承旨は王の秘書、大提学は王と世子の訓育係である。左賛成は従一品で百官を率いて、国土計画と外交を担当した。

金左根にも例外なく、愛妾である閤夫人がいた。守令の任命権を独占していたから、高位の官職に就きたい者は、領議政に直接会えなかったので、その閤夫人へ賄賂を贈った。もちろん、賄賂の多寡によって地位が決まった。美男子の希望者には、特に有利だったといわれる。

金左根の閤夫人のなかに、羅州出身の妓生がいた。羅州出身だったから羅閤《ナハツプ》と呼ばれて、寵《ちよう》愛《あい》を一身に集めていた。

ある時、金左根が彼女に世間では羅閤と呼ばれているが、その理由を問うた。彼女は、「世の中の男子は女性を戯弄《ぎろう》するのに、蛤《ハツプ》というでしょう。そのために、私を羅蛤《ナハツプ》と呼んでいるのです」と答えた。

このように金氏の勢道政治が全盛をきわめた時代に、李昰応は零落した生活を送っていた。昰応が乞食のような生活をしているあいだに、時の領議政であった金炳国の一家に不幸があった。

昰応は見舞いにいった。朝食の時間になって、見舞客はみな帰ったが、昰応は空腹のあまり力つきて起きられなかった。金炳国は笑いながら、「どうしたことか」と問うた。昰応が「腹が減って立てない」ともいえず、迷っているのを、金炳国は勘よく「カネが必要なら、私に言ってくれればよいのに」といって、秘書に命じて薬債銭《ヤクチエジヨン》を調べて、昰応に一万両を渡すように命じた。

薬債銭は、勢道家に上納する賄賂のことである。もっとも、今日の韓国では医療水準が向上したために、政治家への賄賂は薬代とはいわずに、餅代《トクカプピ》という。

買官に巨費投じ、その数倍を人民から収奪する

前に述べたように、宮廷では売官売職が当たり前のように、罷り通っていた。官吏の登用資格試験である科挙に合格し、赴任する時も賄賂をつかわねばならなかった。

韓国精神文化研究院の朴成洙《パクソンス》客員教授の研究によると、郡守である守令の地位を手に入れるためには、一万両が必要であり、道の長官である監司や、王の代理として、地方官を監視する留守《ユス》となると、百万両もの賄賂が必要だった。留守は、行宮や、離宮に留って、その任務を果たした。

もし、百万両を今日の日本の円に換算すれば、約百億円あまりに当たろう。当時、米一石当たりが約三両だったから、百万両で約三十三万六千余石を買うことができた。

しかし、このように巨額の賄賂を払うことによってえた任地に赴任しても、俸給がいっさいなかったから、人民を搾取しなければならなかったうえに、中央から派遣される暗行御使《アムヘンオサ》たち

の監視の対象になるばかりだった。そのうえ、現在の地位を確保するためにも、直轄の長官に賄賂を贈らねばならなかった。

暗行御使は国王の直属機関で、しばしば乞食に変装し、監司、守令などの地方長官の不正を調べるかたわら、民の世論や、孝子、孝女について調査して賞罰の対象とするよう上申した。民情、軍政を視察し、美談も調査報告した。初めは国王が若年の堂下官を暗行御使に秘かに任命して、地方の長官が不正を働いた場合には「御史出頭《オサチュルト》」と宣言して、その場で裁判官になって、監司や、守令の特権を示す官印を没収し、罷免して罰する権限があった。ところが、党派争いが激しくなるにつれて、反対党つぶしに利用されたり、高官たちが御使の不正を調べるなど、腐敗に捲き込まれた。

大院君は実権を握ると、安東金氏を宮中から一掃するだけでなく、族戚による勢道政治を排除して、王室の権威を回復する「維新政治《ユシンチョンチ》」をうちだした。党派の争いをなくするために、南・北・老・少の四色に分かれて抗争していた各派から、平等に登用することを方針として、貪官汚吏《どんかんおり》をなくそうとするかたわら、地方の土豪たちが人民を虐待することを厳禁した。そして党争の巣窟《そうくつ》であり、国政を乱す儒生たちの巣窟であった書院を、全国にわたって撤廃することを命じた。

大院君はあばら屋に暮らす放蕩者だったので、近代化や、国際情勢について暗かったために、徹底した鎖国政策をとって、亡国の道を進んだ。フランス人の宣教師を虐殺したうえで、一八六六年にフランス艦隊を撃退した丙寅洋擾《へいいんようじょう》と、一八七一年にアメリカ艦隊と戦って辛未洋擾《しんみようじょう》を引き起こした。

幼王の摂政に大院君が就任して、新しい政治が確立され、大院君が長い間にわたって勢道政治の主役を演じた安東金氏一派を、絶海の孤島に流刑した後に賜死させていた時に、金炳国は薬債銭のなかから一万両を大院君に与えた義理があったから、大院君を雲峴宮《ウンヒヨンクン》に訪問した。そして「なにとぞ、私を助けてください」と懇願した。

大院君は「あなたは今、百万両を持っているか」と質した。金炳国は直ちに「命だけ助けて貰えば、家屋、敷地を売却して差し上げます」と答えた。

大院君はこの賄賂を貰って、息子を国王に即位させてくれた趙大妃に贈った。

大院君は「維新政治」を標榜《ひょうぼう》したのにもかかわらず、このように裏では賄賂を貰ったし、賄賂を贈った。

雲峴宮には地方から薬債銭を持ってきた官僚や、人々が雲集し、一日中、門前盛市のような賑わいをみせた。雲峴宮は、官僚の群の集合場所となった。

ある日、唐津《タンジン》の郡守が雲峴宮に結婚の祝いごとがあると聞いて、胡麻を一石買って、雲峴宮に贈った。当時、胡麻は高価だった。しばらくして上京した時に、雲峴宮を訪問したが、相手にされず、控え室で待つようにいわれ、来客の接待役の役人すら現われなかった。正午になっても、何ら言葉をかけられなかった。

ところが、どうしたことか、後から来た自分の部下の役人が直ちに内部に招かれ、ご馳走に与かったうえで、酔って出てきた。唐津の郡守は自尊心を害した。

郡守はその部下に、「いったい何を、幾ら贈って、あれだけの接待を受けたのか？　俺は早朝に来て、いまだに待たされている」といった。その役人は「私はこの前の結婚式の時に、舟に調度品を一杯積んで、舟ごと雲峴宮に上納しました」と答えた。

唐津の郡守はこの話を聞いて、目の前が暗くなった。そして自分の地位がすでに彼に移り、自分が罷免されたことを覚った。

大院君も最初から賄賂に浸って、猟官《りょうかん》運動者たちが献じる薬債銭と引き替えに、官職を与えた。任命権を独占していたことから、いくらでも、金が入った。だから「維新政治」といっても、勢道政治の時代と何ら変わることがなかった。

勢道政治と賄賂は、その後も、韓国ではこの悪習を非難して、改革を唱え、民衆の信任をえて、最高権力者になっても同じ悪に浸ることが、一つの定型となってから久しい。報酬を支払うことがないのに、莫大な賄賂が手に入るのは、任命権者にとってこれほど快いことはないだろう。

今日の韓国でも、歴代の大統領が大統領官邸である青瓦台の主人公となると、かならず政治家や、官吏の綱紀の粛正を約束するのにもかかわらず、そのかげで大統領の妻や、弟や、息子をはじめとする親族が、不正な巨額な金を漁って、問題となってきた。これは、現代の勢道政治である。金大中元大統領もご多分に洩《も》れず、親族を捲き込んだ大きな疑惑事件があいつぎ、韓国社会を揺がした。

大院君は蘭の絵をかくのが、趣味だった。自分がかいた蘭を褒められることを、ことさら喜んだ。

全羅道の全州李氏であった、ある儒生がその噂《うわさ》を聞いて、雲峴宮を訪ねて、遠戚だといって伺候した。褒める機会を待っていたが、大院君が絵をかき始めたとたんに、ソウル出身の儒生が先に讃えたので、機会を失ってしまった。

しかし、大院君がもう一枚の絵をかこうと筆をとって、紙にあてようと構えた瞬間に、「大院君大監《デカム》、その蘭草はすばらしいです」と媚《こ》びた。ソウルの儒生は驚いたが、大院君が「君はまだ筆もとらないのに、すばらしいというのは、なにゆえで、どこの誰か」とたずねた。

この田舎儒生には、郡守に当たる守令が発令された。

勝海舟といえば、徳川末期に西郷隆盛と江戸開城の談判を行ったことで有名であるが、明治新政府に加わった後に渡韓して、大院君と会っている。勝は晩年口述によって『氷川清話』を遺しているが、「大院君も、とうとう死んでしまったのう。この人については、種々の批評もあるが、とにかく一世の偉人だ」と語っている。もっとも、そのあとを読むと、大院君は人の操縦術に長けていたから、勝に明治維新に当たって「千載不朽」の功績があったといって、誉めそやしている。勝はこの時に大院君から、自筆の「懸崖《けんがい》の蘭」を贈られたと、回想している。

大院君は自分を誉めてくれる人に対しては、賄賂と同じ効果があったから、寛大だった。貧しかった時代に庶民と交わったから、人情の機微に敏く、よく理解していた。大院君は百姓たちの考えを、掴むことができた。そこで群衆の心理を利用して、鎖国政策を徹底させて、フランス艦隊や、アメリカのアジア艦隊を武力で撃退するなど、蒙昧《もうまい》な群衆心理に迎合した。

そのかたわら売官売職による不正腐敗が日常化していたため、民衆が暴政に耐えられず、民乱が全国的に拡大していった。

第二章

大院君VS.閔妃

――朝鮮内紛に虎視眈々の欧米列強と日本

宗主国・中国に隷属し、日本の国書を拒絶

大院君《デウオンクン》は術策を弄して、一八六三年に十一歳になる次男を第二十六代国王の高宗として即位させて、摂政となって全権力を握った。

大院君は攘夷に徹して、高宗三(一八六六)年から高宗八(一八七一)年にかけて、来航したアメリカ、フランスの異様船を撃退するかたわらで、フランス人神父九人をはじめ、数千人にのぼるキリスト教徒を大量虐殺するなどした。そして全国八道の道府に、「洋夷侵犯、非戦則和、主和売国」(洋夷の侵犯を受けて戦わねば、和を結ぶことになるが、和を求める者は国を売る)という、十二文字を刻んだ斥和碑を建てた。

大院君はそうしながら、全国にわたって墨屋に命じて、新しく製造する墨に、すべてこの十二文字を刻むことを命じ、夜郎自大になって、胸を張った。

日本では高宗五(一八六八)年に明治維新が成就して、王政を復古した。日本の新政府はそ

の二年後に、釜山にあった倭館に駐在する対馬《つしま》藩士を通じて、李朝に対して新しい政府が成立したことを伝えるとともに、修交を要請した。

ところが、日本側が手交した国書のなかに、不遜《ふそん》なことに明治天皇の即位を指して「皇上登極《ファンサントングク》」という言葉や、「勅《チク》」という字があったために、朝鮮側は目を剝《む》いて驚いた。それまで徳川幕府の国書にはなかったことだった。そこで日本の国書を受け取ることすら拒み、修交の交渉に応じようとしなかった。

「皇」は、「皇帝」のことである。清の属国であった李氏朝鮮は、中国を宗主国として崇める慕華思想一色に染めあげられていたから、皇帝といえば世界で中国の皇帝しかいてはならなかった。中国の皇帝以外には、皇帝の称号を用いる者があってはならなかった。「勅」も、中国の皇帝のみが使うことができる、とみなしていた。中国こそ世界の中心にあって、その皇帝こそ全世界でたった一人の正統な支配者でなければならなかった。李朝が終わるまで、ソウルは漢城《ハンソン》と呼ばれたが、これは中国の属国だったことを示す名だった。「漢」はもちろん、中国を意味している。

日本は朝鮮と国交を結ぼうと努力したが、大院君が権力を握っている間は、朝日交渉は困難をきわめて、まったく進展しなかった。

梁啓超《りょうけいちょう》は日本でもよく知られているが、清朝末期から民国の初期にかけて名を馳《は》せた、近代中国思想界の先駆者だった。中国の歴史、哲学、学術、文芸にわたって、数多くの著作をのこした知識界の巨人であった。

梁啓超は中国人の自覚と再生を求めて、「新民説」を唱えることによって、中国の近代化を促して、とくに青年知識層に大きな影響を与えた。梁啓超は日本でいえば、福沢諭吉に当たっただろう。梁啓超は一九二九年に、五十六歳で没した。

梁啓超は隣国の李氏朝鮮にも、深い関心を寄せた。『朝鮮亡国史略』、『朝鮮滅亡の原因』、『日本併合朝鮮記』の三冊を著している。そして李朝亡国の原因が、宮廷、政治、社会の腐敗の三点にあると指摘して、朝鮮人自身が朝鮮を滅ぼしたのであって、日本をはじめとする外国によって強いられたのではない、と論じた。

朝鮮は亡ぼされたのではなくて、自滅したのだった。

梁啓超は君主専制の朝鮮を自滅させた、もっとも大きな責任が、大院君と高宗の二人にあったと断じた。

そして大院君が、「酷薄、残虐、驕慢《きょうまん》で、猜疑《さいぎ》心が強く、権謀術数しか知らなかった。大院君こそ、亡国の最大の元凶だ」「高宗は懦弱《だじゃく》、優柔不断で、事実を曲げた讒言《ざんげん》を喜び、事理に闇《くら》く、側近たちは阿諛《あゆ》迎合《げいごう》だけした」「高宗のような君主が、国を亡ぼさなかった例は、歴史上ほとんどない」と述べている。また、閔妃は「虚実で、虚飾を好み、政治を操ることに熱中した悪女」だった、ときめつけている。

大院君、高宗、閔妃こそ、朝鮮を滅ぼした三人の主役だった。もっとも、李氏朝鮮は、滅ぶべくして滅んだ。

梁啓超は特権階級である両班が、「いっさいの権利を壟断——独り占めし、国中で独立した人格と自由意思を持っていた者は、両班だけであったが、彼らこそ諸悪の根元である」と喝破した。「両班たちは仕官だけを志し、細かくわずらわしい規則、礼法である繁文縟礼《じょくれい》に没頭するかたわら、民衆を禽獣《きんじゅう》畜生と同じように扱い、もっぱら搾取と略奪を行い、国庫に納めるのは三分の一にも満たない」と書いている。

李氏朝鮮が滅亡した原因をつく、梁啓超の筆致は鋭いものがある。

「両班は徒党を組んで私腹を肥やし、殺し合う。彼らは政治が何であるかも、世界の大勢も知らない。事大主義で、親日、親露、親中と、そのつど、ころころと変わり、留学生が千人いても猟官運動に忙殺される以外には、社会がどうなろうと、いっさい顧みることがない、新しい学校の一つも作らず、一冊の本さえも書かない。翻訳の一つもしない有様だ」

「朝鮮人は空論を好み、激情にして、怒りやすく、ややもすれば命知らずで、すぐに昂奮《こうふん》して立ちあがる。朝鮮人は目先だけにとらわれて、将来のことはほとんど考えない。高官たちも今日の権勢さえあれば、明日に国が滅亡しても構わない」

「日本が統監府を設置したら、朝鮮人の権力争奪は、以前よりももっと激しくなり、併合後、隣国（中国）人でさえ慟哭《どうこく》するのに、朝鮮の顕官たちはいっそう総督府に阿諛迎合して、日々、猟官運動に忙殺された」

「朝鮮社会は厚顔で無恥、表面はよいのだが、心の中は悪くて、陰険で悪辣《あくらつ》、節操を守ることがないから、亡国は必然の結果であった」

私たちは今日と明日の韓国のために、この梁啓超の言葉に、謙虚に耳を傾けねばならないだろう。真実は人をもっとも傷つけるが、私たちは勇気をもって、自分たちの過去と向かい合わねばならない。

韓国民は過去の歴史を正しく認識しなければならない。それでなければ、今後、韓国が正常な国として成長し、発展することができないだろう。

当時、もし朝鮮の識者が、このように朝鮮社会を批判して論じたとしたら、生命を保つことができなかった。たとえ国外へ亡命したとしても、若き開化派のリーダーだった金玉均のように、漢城から差し向けられた刺客によって、生命を奪われたはずだった。

それにしても、李氏朝鮮はまっとうな国家としての資格を、まったく欠いていた。李朝朝鮮と徳川時代の日本の人口の増加率をみれば、一目瞭然《りょうぜん》とする。

李成桂が李朝を創建した時の朝鮮の人口は、約五百五十万人だった。李朝が五百十八年後に滅びた時の人口は、千三百万人であった。徳川家康が幕府を開いた時の日本の人口が千二百万人だったが、明治五年に日本ではじめて国勢調査が行われた時の人口が三千万人だった。徳川時代は二百七十年で李朝のほぼ半分でしかない。徳川時代の日本が隣国の李朝朝鮮に較べて、どれほど善政を施いたものだったか、よく分かる。

朝鮮半島の人口は、日本統治時代に入ってから爆発的に増え、三十五年後の一九四五年には二千八百万人を数えた。日本統治時代の評価がどうであれ、李朝が民衆をどれほど悪政のもとに置いたものか、示している。

さて、大院君にとって高宗の王妃を選ぶことは、自らの権力の座を揺るぎないものとするのに当たって、きわめて重要なことであった。というのは、それまで李朝の歴史では、王妃の一族が権力を独占して、勢道政治を行うことが、しばしば起こった。大院君にとって、そのようなことがあってはならなかった。

閔妃《ミンピ》登場、大院君との確執はじまる

韓国では、十六世紀前半の中宗《チュンジョン》王時代の大妃、王妃、王の愛妾である嬪や、それをめぐる上宮、威臣たちの暗闘をテーマとしたSBSテレビの連続大河ドラマである『女人天下《ヨインチヨンハ》』が人気を博し、高い視聴率をとった。この連続ドラマが描く宮廷では、陰謀がつねに渦巻き、血で血を洗う抗争が昼夜を分かたず繰り広げられ、中宗王がそのなかで右往左往する姿が、哀れである。大妃は母后であり、上宮は女官のことだ。大院君と高宗の時代にも、まさにそのような状況が繰り返された。

韓国民はテレビ連続ドラマ『女人天下』を、ただ娯楽として観てはなるまい。そこから尊い歴史の教訓を学ばねばならない。

高宗二（一八六五）年に、大院君の妻がその生家である閔氏一族の閔致禄の十四歳になる一人娘を、高宗の王妃として推薦した。この娘は八歳の時に両親を失っており、兄弟もなかった。大院君は、自邸で娘と会った。そして娘が孤児であることが、気に入った。それなら、自分の思うままに王妃を操ることができる、と考えた。この時には、この小娘が孤児の身分から王妃の玉の輿《こし》に乗せた大恩人である自分の手を、八年後に咬《か》むとは、夢にも思わなかった。

閔致禄の娘は高宗三（一八六六）年に、王妃として冊封された。そして閔妃と呼ばれるようになった。閔妃は写真で見ると、小柄で、きゃしゃな体をしており、美貌《びぼう》である。高宗よりも、一歳上だった。

高宗はまったく責任感を欠いていたから、未曾有の国難をよそに、美女に囲まれて、毎日、酒池肉林の生活を送っていた。そこで、新妻をほとんど相手にしなかった。

高宗五（一八六八）年に、まだ閔妃が子を産むことができなかったのに、後宮の李尚宮が男の子の完和君を産んだ。大院君は自分にとって初孫となった、第一王子の完和君を寵愛した。そのために、閔妃の激しい嫉妬《しっと》にあった。

これは閔妃が大院君を恨む、最初の動機となった。

閔妃は高宗八（一八七一）年、ようやく男子を出産した。ところが、直腸肛門奇形で、肛門が鎖されていたために、数日後に死亡した。

閔妃は幼い霊を慰めるために、内宮に数百人の巫女や、祈禱《きとう》師を集めて、連日、楽器を打ち鳴して舞い歌わせた。そのうえ、巨費を浪費して、全国にわたって神事を行わせ、数千人の巫女に祈禱させた。そうするかたわら、高宗の妾だった何人かの尚宮たちに冤罪《えんざい》を着せて、杖刑を加えさせて、拷問をした。

高宗は高宗十（一八七三）年に、満二十歳になっていた。閔妃は大院君に対して隠していた爪をむきだした。そして、儒生の代表格だった崔益鉉《チェイクヒョン》をそそのかして、大院君の鎖国政策を非難させた。崔益鉉は王の副秘書官に相当する、副承旨の地位にあった。それまでに閔氏一族は、三十数人の同族を宮中に送り込んで、要職につけていた。

高宗は妻に従った。大院君の長男である李載晃《イチエミヨン》も、父から嫌われていたから、閔氏一族に加担した。崔益鉉が王に大院君弾劾上疏を提出したことによって、大院君は政権を返上することを強いられた。

国王の親政が行われることが布告され、大院君は王宮に入ることを禁じられた。大院君は閔妃勢力によって、宮廷から駆逐された。大院君は小娘だと思った閔妃によって、陥れられた。

これは大院君にとって、青天の霹靂《へきれき》だった。しかし、国王が成年に達したのだったから、親政を行うという大義名分の前に、いたしかたなかった。大院君は権勢に酔い痴れていたために、すっかり油断していたのだった。

国王が親政を行うとはいうものの、暗愚な高宗はいっさいの政治的判断を、妻に依存した。閔妃がいつも国王の背後の屏風《びょうぶ》の陰に控えていて、国王が何をいうべきか、そのつど指示した。

高宗十一（一八七四）年に、閔妃は第二子を産んだ。坧《チョク》と名づけられたが、後に純《スンジョン》宗として李朝最後の国王となる。

ところが、閔妃は宗主国である清《しん》が高宗の第一子であり、李尚宮の子である完和君を世子（皇太子）として冊封する意向である、という情報を知らされた。

閔妃は日本を利用して、清に対抗することを思いついた。領議政であった李裕元《イユウオン》を、釜山の草梁館《チョヤングワン》（一八七三年に倭館を、そう改めた）に派遣して、朝日修交再開を受け入れるのと交換に、坧を世子とすることについて、清への口添えをするように申し入れさせた。

高宗十二（一八七五）年五月の夕方に、日本軍艦の雲揚《うんよう》号が夕焼けを背負って、釜山港の絶影嶋の沖に投錨《とうびょう》した。両舷《げん》にそれぞれ三門ずつ、六門の砲が鉄拳が虚空を突くような威容を示していた。そのわきに、春日と第二丁卯《ていぼう》のあと二隻の艦影が見えた。沖合に三隻の軍艦を認めた釜山の町は、大騒ぎのるつぼと化した。

この報せが釜山港を統括する東萊府使《トンネ》に、もたらされた。東萊府では、倭学訓導《ウエハクフンド》によって、率いられる十八人の使者をつかわし、釜山の草梁館に滞在中だった外務省理事官森山茂に、面会を求めた。

倭学訓導は地方長官である府使につぐ役職で、主として日本との外交事務を取り扱う役人だった。この時の新しい府使は朴斉寛であり、倭学訓導は玄昔運だった。草梁館は日本の公使館に当たるものだった。

大院君が任命した、それまでの釜山訓導の安東晙は、閔妃たちによって適当な罪名を着せられて死刑に、東萊府使の鄭顕徳も流刑に処されていた。

当時の状況では、東萊府使からの使節が、日本の外務省理事官を訪ねたことは異例なことだった。大院君を放逐して、実権を握った先王后の戚族の趙氏一族と、閔妃の戚族の閔氏一族は、開国へ傾くようになっていた。それを受けて文明開化へ向けて、李朝に変化の兆しがめばえていた。

それでも宮廷にはまだ守旧派が大きな力を持っており、日本側が新しく提出した文書に「大日本《デイルボン》」や「皇上《ファンサン》」という言葉があったために、交渉が難航した。閔妃は高宗を通じて、これらの言葉は日本側の事情を反映したものであるから、こだわるべきではないと指示した。
雲揚号の出現によって、朝鮮側の態度が豹変《ひょうへん》した。日本は開国交渉を進捗させるために、雲揚、春日、第二丁卯の三艦を派遣したのだった。

雲揚号はいったん長崎に戻ったが、二カ月後に江華島《こうかとう》の沖合に現われた。そしてボートを降ろした。ボートが江華島に接近すると、岸から砲撃を受けた。雲揚号が応戦したが、守備隊は旧式な砲しか持っていなかったために、日本艦隊に届かず、近代砲によって一方的に叩かれた。雲揚号は海兵を南側の永宗島《ヨンジョンド》に上陸させて、兵営を焼き払い、銅砲の三十数門を戦利品として奪ってから、長崎へ引き揚げた。

翌年一月に日本使節団は六隻の軍艦を率いて、江華島に来航し、二月から江華府において朝日修好条約の締結交渉が行われた。日本は先の雲揚号砲撃事件に対する賠償を求めて威嚇し、国交を樹立することを迫った。

李朝は日本の要求に対して、まだ意見が分裂していた。崔益鉉をはじめとする多くの守旧派が会談そのものに反対して、主戦論を唱えた。この時に、崔益鉉は建白書を上呈して、「夷狄」は人間であるが、西洋化した日本は「禽獣《クムス》」であるので、交わることができない、と主張した。

もともと李朝では、日本人は法律的に禽獣の扱いをうけていた。釜山の倭館では百人以上の対馬藩士が勤務していたが、女性が在留することが認められていなかったので、単身赴任することを強いられていた。そこで藩士たちは隠れて貧しい現地女性を買春したが、もし、そのような朝鮮女性が不運にも捕われることがあったら、「禽獣と交わった」罪によって、民衆の前で鋸《のこぎり》引きの刑に処されて殺された。当時の状況を詳しく記録した文書が、のこっている。

閔妃一族は、頑なに攘夷を唱えた大院君に反対するためにも、開国論をとった。

しかし、宗主国である清は、そのころロシアとの間で摩擦が強まっていたかたわら、インドシナである安南において、フランスと紛争を引き起こしていたことから、日本と朝鮮半島で衝突することを望まなかったために、李朝に対して日本と修好条約を結ぶように勧告した。そのために、廟議《びょうぎ》が開国に決定した。

日本の軍事圧力下、江華島条約が結ばれる

朝日修好条約の第一条は、「朝鮮国ハ自主ノ邦ニシテ日本国ト平等ノ権ヲ有セリ」とうたっていた。日本として朝鮮を「自主ノ邦」と定義して、独立国として扱うことによって、朝鮮半島について宗主国である清からの干渉を避けることを狙《ねら》ったものだった。この時に、清はこのような伏線が敷かれたことに気づかなかった。

日本自体が明治維新から、まだ九年しかたっていなかった。それなのに、西洋の列強に先駆

けて、朝鮮に修好条約を結ぶことを強いるのに成功した。

この条約は、江華島条約として知られる。日本はアメリカが二十三年前にペリー艦隊を派遣して、日本を開国させるのに使った手法を、そのまま模倣して用いた。アメリカ、イギリス、フランスをはじめとする列強は朝鮮の開国を望んでいたから、日本の行動をこぞって支持した。

もっとも、日本の国内では少数意見であったが、このような日本の強引な行動に対して批判の声があがった。

『郵便報知新聞』は、雲揚号による江華島事件について、明治八（一八七五）年十月二日に、「朝鮮近海ヲ測量スルコトハ我政府ヨリ朝鮮政府ニ通暢シタルニアラズ、カツ江華湾ニ舟ヲ入ルル人ハ朝鮮政府ヨリカネテ断リアリシニ、我測量船ミダリニ湾中ニ入込ミシヲ以テ、曲我ニアリシトテコノ挙動ニ及ビタルナリ」（朝鮮の近海を測量することを、日本政府から朝鮮政府に通告していない。そのうえ、朝鮮政府はかねてから江華湾に外国の船が入ることを禁じていた。そこにわが測量船を侵入させたのだから、咎《とが》はわがほうにあって、朝鮮側が砲撃したのだ）と述べている。

また、『東京日々新聞』は朝日修好条約が結ばれると、明治九（一八七六）年三月二十五日に、条約の締結を喜ぶ社説を掲げたが、これを読むと、じつに興味深い。

この社説は、イギリスが中世までフランスに領土を持っていたために、フランスと戦争を繰り返して国力をいたずらに消耗したが、フランスにあった領土を放棄してから、発展したことを指摘したうえで、次のように説いている。

「我邦ノ東洋ニ於ケル英国ノ西洋ニ於ケル倶《とも》ニ是レ退テ自国ヲ防禦スル便ニシテ進ンデ大陸ヲ併呑スルニ便ナラザルノ国柄ト云ハザル可カラズ是シ敢テ兵勢ノ強弱人民ノ貧富ニ関シテ然ルニアラズ実ニ天然ノ地勢ニ於テ避ク可ラザレバナリ」（日本の東洋におけるありかたは、イギリスがヨーロッパにおけるのと同じように、大陸に領土を持つことが益をもたらさず、日本の兵力や、国富がどうであるかという問題ではなく、イギリスが富強なのにもかかわらず、大陸に武力をもって進出せずに、天然の地勢によって守られているのと共通している）

日本は当時から、多元的な社会だったのだ。この社説の筆を執った者は、先見の明がなかなかあったといわねばなるまい。もっとも過去に遡って、歴史のうえで「もしも、その時にそうしていれば、こうなったはずだ」と問うことは、難しい。しかし、まったく無益な空想として斥けてはなるまい。「もしも」という歴史の仮定を問うことは、将来にとって有益なことだ。

もし、日本が明治に朝鮮半島への武力をもって進出し、日韓併合を行わなかったとすれば、その後、大陸の泥沼に足を掬《すく》われることなく、アメリカや、イギリスと衝突することがなかった、といえただろう。この社説が説くように、イギリスと同じように精強な海軍をもって、朝鮮海峡を守り、大陸からの侵攻に備えればよかったという設問は、一考に価する。

そうすれば、日本が第二次大戦による惨憺《さんたん》たる破局を迎えることがなかったかもしれない。しかし、その場合に、朝鮮半島はどうなっていたことだろうか。

李氏朝鮮が日本がそうしたように、自分の力で近代化することができたとは、とうてい思えない。きっとロシアによって支配されていただろう。それは当時のニコライ二世が君臨したロシア宮廷が、野望に駆られて、朝鮮と日本を征服しようと決定していたという記録からも明らかである。そうなっていたら、今日、韓民族がいったいどうなっていたのか。

革命の足音に怯《おび》えていた皇帝《ツァー》は、外征戦争による勝利によって、国民の支持を回復しようとはかっていた。ロシアにとって朝鮮は、獲物でしかなかった。

李朝は日本によって江華島条約を結んだ後に、日本への視察団を二回にわたって派遣した。そして開化政策を進めるなかで、高宗二十（一八八三）年から西洋の列強諸国と、つぎつぎに修好通商条約を結んだ。

ところが、頑迷な儒生たちが全国にわたって攘夷を求める衛正斥邪論を唱えて、開国に反対し、あいついで国王に上疏《じょうそ》——請願したために、社会が騒然として、不安な状況がひろがった。

江華島条約の五年後の高宗十八（一八八一）年に、大院君の妾腹の息子の李載先《イチエソン》の側近である安驥泳《アンキヨン》が部下とともに、閔妃をはじめとする王妃一派を殺して、大院君を復権させることを企てたことが、発覚した。これは、高宗と閔妃の宮廷を震駭《しんがい》させた。

安驥泳の一党は捕えられ、ただちに処刑された。この事件は「安驥泳の獄《アンキヨンノオク》」として知られるが、大院君が背後で操っていたことは、明らかだった。李載先は高宗の腹違いの兄であったのにもかかわらず、賜薬《サヤク》を与えられて殺された。

大院君はまだ権力欲に燃えていた。しかし、閔妃もさすがに高宗の実父である大院君まで、手をつけることはできなかった。大院君は雲峴宮に隠棲《いんせい》していたが、軟禁状態に置かれた。

翌年一月に九歳になった坧が、王世子として冠礼式をあげた。二月には、閔氏一族の十一歳になる娘が王世子嬪として選ばれ、冊嬪された。

高宗と閔妃は全国が疲弊しきっているのをよそに、連日連夜、きらめくような歌舞の宴に興じて、逸楽に耽った。

李朝時代のもっとも有名な小説であり、十八世紀はじめの『春香伝』に、両班が贅を尽くした宴を催す時に、「金の樽《たる》のなかの美酒は、千の民の血にして、盆の上のよき料理は万の民の膏《あぶら》。燭台の蠟《ろう》が落ちる時、民の涙が落ち、歌声が興じれば、民の怨みの声が高まる」という一節がある。李朝末期の宮中も、少しも変わらなかった。

日本が徳川期を通じて、将軍や大名たちが質素を旨として、民を慈しむことに努めたのと、何と大きく違っていたことだろうか。

李氏朝鮮では体制を批判した筆者は、死罪になったために、私が前著（『韓国・堕落の20

00年史』、祥伝社、二〇〇一年）のなかで詳しく取りあげた、許筠の『洪吉童伝《ホンギルトンジョン》』さえ除けば、『春香伝』をはじめとして、ほとんどの作者が匿名であって、誰であるのか分かっていない。『洪吉童伝』は『春香伝』と同じように、悪政を率直に批判したものだったが、作者の許筠《ホキユン》は斬殺《ざんさつ》刑に処されている。

『洪吉童伝』は、今日、韓国で『春香伝』と並んで、国民のあいだでよく知られる李朝時代の二大小説の一つとなっている。

許筠は一五六九年に生まれ、二十五歳で科挙の文科に合格し、仕官《ビヨスル》の最高峰を経て、刑曹判書（法務大臣級）などを、歴任した。詩人としても当代抜群の声価をあげた。

そして一六一〇年に使節の一員として北京に行き、キリスト教の聖書などを寄進され、西学に接した。許筠は自分が両班に属していながら、一般庶民に対するゆえなき迫害を糾弾する著書を著した。それまで両班社会が蔑んでいたハングル文字による最初の小説である『洪吉童伝《ホンギルトンジョン》』である。李朝の歪《ゆが》んだ階級社会を打破することを訴える社会小説であったが、一六一八年に捕われて、裁判にかけられることもなく、斬刑に処された。

今日の韓国史は、過去の歴史の真実に蓋《ふた》をして隠しているが、五百十八年にわたった李朝は自主独立どころか、中国に隷属した、一種の奴隷社会に過ぎなかった。

韓国民にとってこの五世紀は限りない搾取と、苛斂誅求による受難期であった。

儒教原理主義が五百年にわたって朝鮮を窒息させた

李氏朝鮮は崇華思想と、儒教の朱子学を愚かなまで、頑なに信奉していた。そのために五世紀にわたって硬直しきって、まったく身動きすることができなかった。

李朝は朱子学の原理主義によって呪縛《じゅばく》されていたから、朱子学以外の学問をいっさい認めることがなかった。朱子学の原理主義による支配は、「イスラム」の原理主義よりも残酷なものであった。

そのもとで、商工業も、あらゆる技術も、国際貿易も、蔑視された。知的自由がまったくなく、完全に圧殺されていた。李朝時代にわたって多くの優れた文芸作品があるものの、ほとんどが匿名の作品であることが、この事実を証している。

それに対して日本では、徳川時代を通して筆者が著作のために迫害を蒙った事例があっても、名を匿して発表した著作はほとんどといってよいまで、存在していない。日本は封建体制のもとにあったが、少数意見が許容されていた。日本は多様性に対して、寛容な社会であってきた。すでに徳川期から民主主義の若木が、逞《たくま》しく育っていたのだ。

だから明治の新政府が発足すると、すぐに旺盛な自由民権運動によって悩まされた。民主主義は社会に進歩をもたらすが、多数意見が大勢を決めるからではなく、少数意見を世に問うことが許されているからである。

儒教の理想は、聖人政治《ソンインジョンチ》である。聖人による理想政治の幻想は、天子である君主が天に代わって万民を統率し、その徳によって万民を感化させるというものである。

二十世紀に入ってからも、聖人政治がどれほど人々を苦しめてきたことか。なんとも滑稽《こっけい》なことだが、スターリンも、ヒトラーも、毛沢東も、金日成も、聖人を装って、民衆を騙した。ナチズムも、マルキシズムも、聖人政治である。聖人政治はかならず腐敗する。そこに儒教のおぞましさがある。

今日の北朝鮮が、まさにそうだ。主体思想《チュチェササン》も、ナチズムも、共産主義も、名が違っていても、聖人政治による幻想だった。このような聖人幻想は法治社会ではなく、上に立つ者がほしいままに権力を振う体制をもたらした。このような社会に生きる者は、権力者に媚びる自由しか与えられない。

権力が絶対的なものであればあるほど、腐敗をもたらす。李氏朝鮮では官吏が上から下まで、文字通り賄賂漬けになっていた。今日の韓国も人治社会だった李氏朝鮮の鋳型から、脱することができないでいる。韓国にとって、賄賂や腐敗は不治の病いであるようにみえる。

儒教の骨子は倫理であって、仁、義、礼を重んじるべきことを説く。しかし、李朝には「経国大典《キョングクデジョン》」という法典があっても、名ばかりのものだった。

李氏朝鮮では、五戸を一単位とする相互監視システムである「五家作統法」と罪人の三族まで誅殺する「連座法《ヨンジャボブ》」と、罪人とその家族を辺鄙《へんぴ》な寒村の咸鏡道《ハムギョンド》の奥地に移民させて、北辺開拓させる「全家徒辺律《ジョンカトビョンユル》」や、笞刑《テヒョン》である乱杖《ナンジャン》などを用いて、残虐きわまりない支配が行われた。

何といっても李朝を通じて韓民族をもっとも痛めつけたのは、韓民族自身だった。李氏朝鮮は今日の北朝鮮と酷似している。

大院君が閔妃の企みによって失脚したのを受けて、高宗十三（一八七六）年三月に朝日修好条約が結ばれた。朝日修好条約によって、朝鮮の鎖国についに終止符が打たれた。

李氏朝鮮の鎖国は、徳川期の日本の鎖国とちがって柔軟性がまったくなかった。徳川幕府は長崎のオランダ館を通じて、西洋の知識を摂取していた。朝鮮は朝日修好条約によって、はじめて近代世界へ向かって錆《さ》びついた扉を開いた。

その年の五月に、朝鮮から訪日使節団である修信使が、東京へ派遣された。日本では明治維新から九年目の明治九年に当たった。

その前に朝鮮から訪日使節団である朝鮮通信使が日本へ渡り、江戸を訪れたのがいつだったかといえば、英祖四十（一七六四）年であったから、百十二年ぶりのことだった。

礼曹参議《イエジョチャムウイ》の金綺秀《キムギス》が正使となった修信使の一行は、日本の汽船黄龍丸の客として海を渡り、横浜に上陸した。横浜から新橋駅まで、汽車に乗った。

礼曹は六曹あった中央官庁の一つだったが、礼楽、祭祀、宴会、朝聘《ちょうへい》（王に物を献じること）、書堂、科挙を担当していた。判書《パンソ》が大臣、参判《チャムパン》が副大臣、参議は次官級に当たった。

横浜から新橋まで日本で最初の鉄道が開通してから、まだ四年しかたっていなかったから、日本でも新奇なものだった。もちろん、修信使の一行のなかで、それまで汽車に乗ったことのある者は、誰一人いなかった。

日本の首都は、東京に名を改めていた。七十五人からなる修信使の行列は、服装も、その隊伍を組んだ様式も、百年以上前に日本を訪れた通信使と、まったく変わらなかった。

洋式の軍装をした十八騎の近衛騎兵が先導するあとを、やはり二人の洋装をした外務省の役人が、人力車にそれぞれ乗って続いた。

それから朝鮮修信使の一行が、登場した。二旒《りゅう》の旗を奉じた旗手と、法螺貝や、真鍮《しんちゅう》のラッパ、横笛、大太鼓、小太鼓などの朝鮮楽器を、さかんに打ち鳴らす楽隊の列が、先頭に立った。楽師はそれぞれ異なった派手な色の服を着ていた。

そのすぐあとから、正使が官服に威儀を正して、十六人によって担がれる輿に乗って進んだ。従者が高い白い傘を捧《ささ》げて、正使にまうしろから、さしかけて続いた。

そして、副使たちが十五台の人力車に乗って続いた。副使たちが当時の日本でまだ珍しかった人力車に乗っていたのが、以前の通信使の行列と一つだけ、異なっていたところだった。

これらの人力車は外務省が借りあげたもので、車引き全員が「外」の字を染めた法被《はっぴ》を着ていた。

おびただしい数の群衆が、修信使の行進を観るために、沿道の両側を埋めた。とにかくテレビも、サッカーもなかった時代だったから、物見高い群衆の好奇心を大いに満たした。群衆は隣国からきた修信使の一行が旧態依然とした服をまとい、文明開化の時代に大きく遅れているのを目のあたりにして嘲笑した。

だが、徳川幕府がはじめて遣米使節団を送ってから、まだ十六年しかたっていなかった。遣米使節団はサンフランシスコ、ニューヨーク、ワシントンをはじめとして全米をまわったが、使節団の武士たちは江戸時代そのままの結髪をして、羽織袴《はかま》に帯刀していた。

朝鮮修信使が東京に到着した光景を、東京日日新聞が一面でつぎのように報じている。

「朝鮮使節ハ、昨日午後十二時ヲ期シテ新橋ノ『ステーション』ニ着シ、茲《ここ》ニ行列ヲ正シ、凡《およ》ソ一時前ニ我ガ日報社ノ門前ヲ経過シ、錦町ノ旅館ニ赴キタリ。此ノ行列ヲ観ルガ為ニ、銀座ノ大通リハ左右ニ見物人ヲ以テ、二行ノ屏風ヲ建テクルガ如キ景況ヲ成《な》セリ。吾曹《われわれ》ハ已ニ親ク此ノ行列ヲ見物セシヲ以テ、聊《いささ》カ其ノ概略ヲ記テ、之ヲ雑報中ニ挿出シ、其ノ読者ノ為ニ、敢《あえ》テ利益ナキ非ザルベキヲ信ズル也。

此ノ朝鮮使節ハ上下八十人ノ同勢ニシテ、其ノ衣服風俗ノ太《はなは》ダ日本人ノ眼ニ新奇ナルガ為ニ、観者ニシテ往々其ノ迂闊《うかつ》ヲ嗤《わら》ヒ、多数ヲ嘲《あざけ》ルニ至ルモノアリ。吾曹ハ之ヲ傍聴シ、為ニ回想ノ感触ヲ興サヾルヲ得ザル也。回想スルニ安政六年新《あらた》ニ横浜、長崎、箱館ノ三港ヲ開《ひらき》テ、欧米五国ノ通商ヲ成シ、其ノ翌年（万延元年庚申）幕府ハ本条約取替セノ為ニ、新見伊勢守、村垣淡路守、小栗豊後守ノ三名ヲ正副使ニ補シ、米国ノ迎船『ポーハタン』ニ乗込マシメテ、華盛頓《ワシントン》ニ遣シタル時ニ其ノ一行八百余人ノ同勢ニテ、米国ヲ押シ廻シタリ。文久二年壬戌ニ、竹内下野守、松平石見守、京極能登守ヲ正副使トシテ欧州ニ派出セシ時ニモ、同ジク三十八人ニ降ラザル一隊ニテ、欧ノ国ヲ巡礼シタリキ。此ノ諸事ハ今日ヲ距ル僅《へだたわずか》二十七年、或ハ十四年前ノ事ナレバ、決シテ吾曹ノ記憶ヨリ遺漏スルニ非ズ。若シ我ガ昔日ヲ以テ、今日ノ朝鮮ニ比セバ、何ゾ其ノ多人数ナルヲ怪シマンヤ。又況《いわん》ヤ其ノ風俗衣服ニ於テヲヤ」（明治九年五月十二日。ルビと句読点は、筆者が加えた）

このように東京日日新聞は、朝鮮修信使を嘲笑《あざわら》った群衆を、強く叱《しか》っていた。

文明開化した日本に目をみはる朝鮮外交団

日本の大衆は変わり身が、じつは早いのだ。日本の大衆は今も昔も付和雷同して、浮き足立ちやすい。これは今日でも、日本の大衆の大きな弱点となっているが、日本の獰猛《どうもう》で商魂逞しいマスコミの荒稼ぎの場となっている。

修信使節は宮内省に参内して、「虎皮、豹皮、白綿、紬、白苧布、色団扇、白綿布、真梳《すきぐし》、色摺扇、筆、真墨、雲漢緞、黄燭、青黍皮《せいしょひ》、采花蓆、鏡光紙、黄蜜」を献上した。一行は滞京中に西洋のさまざまな器械や、陸海軍の調練を参観した。日本側の高官たちは朝鮮の伝統的な官服を装った修信使一行を、洋夷――西洋式――の衣冠束帯姿で接遇した。

この使節団の日本訪問については、日本の強い勧誘によって実現したものだった。しかし、金綺秀が率いた修信使の一行は、新天地である日本の文物と制度について、充分に調査することをしなかった。

それでも、金綺秀修信使の一行による日本から帰国した後の報告書は、李朝として近代化の途上についた日本についての最初のものであり、生々しい見聞であった。

一行は二十数日にわたって滞在して、各地を巡った。帰国すると金綺秀は報告書を提出した。その内容は、次のようなものだった。

「新盛日本《シンソンイルボン》」の主要な都市は、一つ、二つばかりではない。なかでも、横浜、大阪、神戸などを視察したところ、市街が隆盛を極め、商店街に陳列した豊富な商品は、中国人たちも自国よりも豊かであることに嫉妬していた。

また、東京だけでも軍隊が七、八万人も駐屯しているといわれ、兵士は機械の操作に精通して、規律が整然としている。船上からも大砲を発射できるばかりでなく、車の上に大砲を載せて進軍もする。軍隊は意気軒昂であって、昼夜を隔てずに訓練に精進していた。

もっとも、日本は李氏朝鮮と違って、徳川時代から繁栄していた。日本は当時の世界のなかで、町民たちがもっとも豊かな生活を享受していた国だった。町民芸術である歌舞伎や浮世絵から、大衆向けの大量の出版物、外食、湯治、十九世紀初頭に十返舎一九が『東海道中膝栗《ひざくり》毛《げ》』のなかで描いた伊勢神宮への団体参詣《さんけい》旅行までが、それを物語っている。徳川期の日本は、機械文明だけを欠いた先進国だった。

ところが、李氏朝鮮はそれまで日本を倭夷として見くびっていたから、日本がそのように発展していたことを知ろうとしなかった。金綺秀修信使の一行を驚かせた日本の繁栄は、西洋の文物を取り入れたことによって、もたらされたものではなかった。しっかりとした土台があったのだった。

金綺秀の報告書は、不充分なものであったが、高宗と閔妃の朝廷を動かし、日本の文物と制度をいっそう調査して、知りたいという欲望を駆りたたせた。

そこで高宗十七（一八八〇）年に、第二回目の修信使が日本へ派遣された。今回は、三十八歳になる金弘集《キムホンジプ》が正使となった。

金弘集は東京で清国公使館を訪れて、朝鮮がとるべき外交政策について忠告を求めた。この時に、清国公使館書記官であった黄遵憲《こうじゅんけん》から、その筆による『私擬朝鮮策略』と題した、提言書を渡された。

『私擬朝鮮策略』は、ロシアの南進策に対して警戒心を露わにしたものであり、朝鮮が日本を手本として、積極的な文明開化政策をとることを勧めていた。朝鮮が中国との宗属関係を保ちながら、日本とアメリカと結んで、ロシアに対抗することを説いていた。「親中国」「結日」「連美」と表現されていた。黄遵憲は四十二歳だったが、当時のアジアの優れた先覚者であって、後に詩人、著作家として有名になった。

金弘集はこの『私擬朝鮮策略』によって、深い感銘を受けた。そして帰国すると、高宗に『私擬朝鮮策略』を提出した。朝廷はこの提言に賛成した。

そのかたわら、朝鮮の賢明な青年のあいだで、日本を見聞することを熱心に希望する空気が、日に増していった。そのなかで、逸材として世評が高かった金玉均を中心とする開化派《ケファパ》の青年たちが、日本へ渡ることを求めて運動した。

『私擬朝鮮策略』がおよぼした影響は大きかった。ところが、もう一方では、守旧勢力が『私擬朝鮮策略』に対して強く反撥したために、開化派と守旧派の間で激烈な論争が展開された。儒教の朱子学原理に染った衛正斥邪主義の儒生たちが、万人疏《マンインソ》という前代未聞のデモを行った。

朝廷は日本に大型の視察団を送ることを、決定した。第二回目の修信使が日本を訪れた翌年に、十二人の開化派の有力な官僚から構成される「紳士遊覧団《シンサユラムダン》」と呼ばれる視察団が日本へ渡った。

このあいだに閔妃は、大院君の臣僕を情け容赦なくことごとく処刑するか、流刑に処した。血で血を洗う党派抗争が続いた。しかし、さすがに王の父である大院君には、手が届かなかった。

大院君は王宮から完全に排除されて、自邸の雲峴宮に蟄居《ちっきょ》することを強いられた。雲峴宮から一歩も外出することも、許されなかった。厳しく監視されていたから、人々が雲峴宮に出入りするだけでも、身に禍いを招いた。

雲峴宮には往来する人影もなく、十年にわたって権勢を誇った摂政時代にみられた門前盛市《ムンジョンソンシ》の面影はなく、庭園には雑草だけが無心に茂っていた。

それでも閔妃と閔氏勢道政権下の官僚たちは、大院君を天下の仇と見て、大院君の暗殺をはかった。

野人の身に落とされた大院君の怒りは、絶頂に達した。そこで秘かに復権する機会を窺《うかが》っていた。閔妃はそのかたわら、自分が産んだ坧の無事長久を祈って、全国の有名な山々に供え物をした。とくに金剛山の一万二千峰の一つ一つに、米穀と現金を供えた。

今日でも韓国では、山道に石を積んだ塔であるソンファムがあって、人々が餅《もち》や、豚の頭や、料理や、現金を供える習慣が続いている。ソンファムに鬼神《クイシン》が宿るという巫女信仰《ムダンシナン》からきているる。全国が疲弊しきっているのをよそに、閔妃が一万二千もある峰ごとに米と現金を供えたのも、同じことだった。

閔妃は大院君に対して勝利を収めたのに酔って、宮廷で毎夜、宴会を続けた。このために国庫が空になり、公然と売官売職によってえた金銭でも足りなかった。高宗と閔妃はいつも夜明けまで続く宴会に疲れて、午後四時過ぎに起きた。

第二回目の修信使が日本を訪れた高宗十七（一八八〇）年に、大幅な軍制改革が行われた。日本軍士官が教官として招かれて指揮官となって、別技軍《ビョルギグン》という近衛《このえ》部隊を新設した。別技軍は特別な技術を持った軍隊という意味である。

翌年は全国が異常な旱魃《かんばつ》に見舞われ、農民が飢饉《ききん》に苦しみ、都市では米価が暴騰した。それでも、閔妃は宮中であいかわらず歓楽に耽っていた。

別技軍は在来の軍隊よりも服装から給与まで、待遇がよかった。在来軍のほうは、俸給が横領されていたので、遅配が続いていた。軍人とその家族は飢餓状態に陥っていた。

高宗十九（一八八二）年六月に、軍人たちは十三カ月ぶりに、遅配分のなかの一カ月分の俸給米を支給するという知らせを受けた。最初に王宮警備兵で、それまで優遇されてきた武衛営《ムウィヨン》の兵士に配られることになった。武衛営は近衛部隊に当たる。ところが、給付担当者が運ぶ途中で横領し、重量の不足分を砂と水を入れて誤魔化したために、兵士たちの手に渡った時には、砂利が混入していたうえ、米がすっかり腐っていた。

軍人は身分上、賤民《チョンミン》扱いにされていたから、たとえ大将であっても、文官である高官と面接することすら難しかった。高官に抗議することは、決死の覚悟をするか、免職されるのが、当然であると考えられていた。

壬午軍乱が勃発、李鴻章に保護を求めた閔妃

李氏朝鮮では軍人は両班の下の中人《チュンイン》がなった。両班には兵役《ビョンヨク》義務も、納税《ナブセ》義務も、建設工事などに駆り出される賦役《ブセ》の義務もなかった。これらの義務は、中人以下の下積みの民衆に課せられた。

兵士たちは抗議することに決した。もう家族を養えない。抗議して殺されようが、それ以上、飢餓に耐えられなかったから、いずれにしても死ぬことになる。宮殿の警備を担当していたから、こうなった原因が閔妃が途方もない遊興を繰りひろげ、巫堂《ムダン》会のために浪費したことにあるのを、よく知っていた。

ついに兵乱が勃発《ぼっぱつ》した。俸給米を支給する担当大臣で、閔妃の族戚だった閔謙鎬《ミンキョムホ》はこの報らせを聞くと、即座に主謀者の幹部兵士を逮捕して、死刑に処することを命じた。

兵士たちは武衛営大将の李景夏《イギョンハ》宅に押しかけて、閔謙鎬の不法を訴えた。李景夏は大院君時代に捕盗大将の職に就き、多数のキリスト教徒を虐殺したために、世間で閻魔大王として恐れられていた。李景夏は閔謙鎬に宛て手紙を認めると、兵士たちに渡し、請願するように説得した。

兵士たちは閔謙鎬宅へ向かったが、腐敗米を配った役人たちが、その門前にいた。兵士たちがやってきたのを見て不安に駆られ、門内へ逃げ込むと、大門を固く閉めた。兵士たちはどっちみち処刑されようから、門を壊して乱入し、手当たりしだいに家財を投げ出して、閔謙鎬の行方を捜した。

閔謙鎬はすでに宮中に行ったあとだった。兵士たちが王宮の昌徳宮《チャンドククン》へ向かうあいだ、一部の者が雲峴宮に行って大院君に顚末《てんまつ》を報告した。兵士たちは大院君の密命を受けて、捕盗庁と義禁府を襲撃して、囚人たちを釈放した。捕盗庁は警察庁、義禁府は検察庁に相当した。その上で別技隊の教官の日本軍士官と、閔妃の側に与《くみ》していた大院君の次兄に当たる李最応《イチエウン》と、京畿監司の金輔鉉《キムボヒヨン》の家を襲って虐殺した。

兵士たちは閔妃とその戚族を、皆殺しにしようと企てた。なかでも閔妃は、民衆の怨嗟の的となっていた。昌徳宮は修羅場と化した。閔謙鎬は宮中で発見されて、惨殺された。しかし、閔妃は兵士たちが宮殿に乱入した時に、間一髪のところを宮女の服に着替えて、脱出して難を逃れた。

反乱兵に、数万人の貧民が加わった。反乱兵は暴徒とともに、日本公使館も襲撃した。花房義質《よしもと》公使以下の館員は、公使館に火を放ったうえで、銃を乱射しながら血路を開いて脱出した。

この兵乱は、壬午《じんご》軍乱として知られる。

高宗は日和見だったから、父の大院君に再び大権を委ねた。そして軍乱がおさまった。

閔妃は変装して、ソウルの東南の忠清北道の忠州《チュンジュ》牧の閔応植《ミンウンシク》宅に逃げて、隠れた。牧は郡守である。大院君は閔妃が軍乱によって死亡したと断定して、閔妃の国葬を公布して催した。

閔妃は天津に李朝の使節として駐在していた、大院君反対派の金允植《キムユンシク》を通じて、宗主国の清の北洋大臣であった李鴻章《りこうしょう》に軍乱が起こったことと、大院君がその首謀者を演じたことを訴え、清軍を急派するように請願した。

李鴻章は日本が江華島条約を結んだ後に、弱められていた宗主権を回復するとともに、そのままでは日本が派兵して、日本の影響力が拡大することになると判断して、八月に丁汝昌《ていじょしょう》、馬建忠、呉長慶提督に四千人の清兵を率いさせて、北洋艦隊に乗せて、ソウルへ送った。日本はその六日後に、千五百人の部隊を仁川に上陸させた。

清軍は大院君を捕らえた。大院君は天津に拉致《らち》され、北京の西南にある保定府に幽閉された。清軍は反乱兵と、同調した多くの者を捕らえて処刑した。

李朝は開祖となった武将の李成桂が、軍事クーデターによって権力を簒奪したことから、軍を警戒して、軍人を蔑んだ。そこで李氏朝鮮は李朝五百年を通じて、軽武装主義を貫いた。そして宗主国の中国に軍事力を依存して、いいなりになった。エリートが武――軍事力を軽視する国は、強国のいうことを聞くほかなく、独立を維持することができない。

清軍が介入したために、大院君の一カ月あまりの天下が終わった。閔妃が清国兵によって護られて姿を現わして、返り咲いた。

大院君は高宗二十一（一八八四）年に、帰国した。大院君が拉致され、帰国するまでの間には、金玉均による開化派政権を樹立することをはかったクーデター事件である甲申政変など、李朝を揺さぶるような大きな事件があったが、その流れについては次章に譲ることにする。ここでは閔妃と大院君の確執を、描きたい。

閔妃は大院君の帰国に対して強く反対したが、清国が大院君の帰還を決定したので、抗しようがなかった。

閔妃は大院君を排除すると、はじめは親日路線をとった。しかし、壬午軍乱に当たって、清国によって救われたので、清に頼るようになった。ところが、その後、清と日本が干渉を強めたので、ロシアに擦り寄るようになった。

清国はロシアが李朝に勢力を伸ばすのを妨げるために、大院君を帰国させたのだった。大院君を帰国させることについては、日本も清と同意していた。

帰国した大院君は閔妃によって雲峴宮から外出することを許されず、軟禁された状態が続いた。

閔妃は全権力を再び手中に収めると、大院君に協力した者に対する、すさまじい報復を行った。大院君こそ、目の上の瘤《こぶ》のような存在だった。

閔妃は高宗三十二（一八九五）年に、日本の浪人たちの手にかかって暗殺されたが、清日戦争後、日本の手によって朝鮮が大韓帝国という独立国家となった後に、明成《ミヨンソン》皇后の称号を贈られた。ＫＢＳテレビが明成皇后を主人公とした連続ドラマを放映したが、閔妃の手の者が二回にわたって大院君の暗殺を企てて襲撃したことを、詳しく描いている。

高宗二十八（一八九一）年の春の深夜だった。大院君は寝室に伏せていた。

静かな晩だったが、大院君は外の空気がおかしいと感じた。大院君は枕の上に蒲団《ふとん》を重ねて掛けてから、そっと暗い別室に移った。すると寝室のほうで異様な音がしたので、家臣を呼んで調べさせた。枕に短刀が突き刺されたままになっていた。

大院君は蒼然《そうぜん》として、恐れ戦く家臣たちに対して、「これは人がやったのではなく、鬼神の仕業だ」と嘆じた。

その翌日、大院君の妻の閔氏が急いで、高宗王を訪ねて、昨夜の狙襲《そしゅう》未遂事件を報らせた。

大院君の妻の閔氏は、高宗王の実母である。

高宗は母の話に関心をまったく示すことはなく、母を呆然《ぼうぜん》と眺めるだけだった。閔氏は高宗から何らの返答も、引きだすことができなかった。

閔氏は怨みの涙を流しながら、雲峴宮へ戻った。

この事件があってから、大院君は不安が募り、長男の載冕《チェヨン》と孫の埈鎔《ジュンヨン》とともに、別の部屋で寝るようになった。ところが、温突《オンドル》が爆発する事件が発生した。床下の一部が破壊された。温突は人がなかに入れるほど広く、薪《たきぎ》を燃やした。

家臣たちに調べさせると、爆弾が仕掛けられて、不発弾もあった。そして燃える途中に消えた導火線が、あたりに散乱していた。もし三人が寝室で休んでいたら、全滅したことだ。

大院君は長男と孫へ向かって、「われら三代はみな、同年配だ。それは三人が今日から新しく生まれかわったからだ」と、憮然《ぶぜん》として呟《つぶや》いた。

この二つの狙襲事件は、ＫＢＳのドラマのなかで演じられているが、李朝末期を記録した歴史作家である黄玹《ファンヒョン》が著した『梅泉野録《メチョンヤロク》』のなかにも、詳しく描かれている。黄玹は科挙に合格して仕官したが、高官をつとめた。『梅泉野録』は大院君が権力を握る経緯から、日韓併合までを取り上げている。

閔妃は西太后と並ぶ、同じ時代のアジアの二人の妖妃《ようひ》であった。同じように権力亡者であり、途方もない浪費を行って、清朝と李朝の滅亡を早めた。

西太后は息子の同治帝が即位すると、摂政となり、幼い同治帝が死ぬと妹婿の子を立てて光緒帝として擁立して、また摂政として垂簾《すいれん》政治を行って、権力を振るった。閔妃も暗愚な夫の高宗を操って、権力をほしいままにした。二人は性格が残虐だったことでも、よく似ていた。しかし、この二人の稀代《きたい》の悪女を生んだのは、中国文化であった。

李氏朝鮮は進んで中国の属国になっていたから、中国をひたすら崇めて、自らを小中華《ソチユンフア》と称していた。李氏朝鮮はおぞましい中国文化によって、呪われていた。閔妃という〝小西太后〟が出現したのも、当然のことだった。

人口の半分が貴族階級（両班）の〝国〟とは⁉

李氏朝鮮は、国の体裁をまったくなしていなかった。

今日、韓国では誰もが不思議に思うことなく、李氏朝鮮を振り返って、「ウリナラ」（わが国）という。しかし、李氏朝鮮は中国の属国であったうえに、内でも国家の体をなしていなかったから、とうてい国《ナラ》と呼べるような状態になかった。

李氏朝鮮は、両班のためだけに、存在していた。両班は支配階級であったが、自らの繁栄だけを求めて、民衆を文字どおり容赦なく収奪することに専念した。両班は勤労を蔑んだから、体を動かして汗を流すことを、忌み嫌った。

両班たちは李朝五百年を通じて、酸鼻をきわめた党派抗争に耽った。

いったい、李氏朝鮮はどのような〝国〟だったのだろうか？

驚くべきことに李朝末期の十九世紀末になると、両班が朝鮮の人口の半分以上を占めるようになっていた。

韓国の学校教科指導書に、李朝時代を通して両班と常民の人口比率が、どのようなものだったのか、推定が載っている。それによると、李成桂が太祖一（一三九二）年に李朝を創建した時には、両班が二から三％、常民以下が九八から九七％を占めていた。両班と常民の間にはさまれた中人は、かなり後になってから生まれた。

そして一七〇〇年代には、まだ両班が五％に対して、常民が九五％という比率だったのが、一八〇〇年代に入ると両班の人口が増えて、両班と常民が半数ずつになった。ところが、一九〇〇年代になると、両班が六五％を占めていた。

李朝末期の身分別人口分布については、京城帝国大学の四方《しかた》博教授が、日本統治時代の初期に総督府から依嘱されて、李朝時代の「戸口帳籍《ホクジャンジョク》」を中心として行った研究が、もっとも権威のあるものとされている。この研究は大邱《テグ》地方だけを対象としているが、一八五八年には両班が人口の半分近くを占めており、常民が二〇％、奴隷である奴婢や、賤民が三〇％以上という構成になっていた。

李氏朝鮮は絶対的な専制王を頂点として、両班だけのために存在していた国であった。中人以下の階級は、両班の生活を支えるために、徹底的に搾取された。常民は収奪されるためだけに、生きていたのだった。

だが、どうして五世紀にわたる李朝を通じて、両班の人口がそれほどまでに大きく増えたのだろうか？

たしかに、下積みの階級である常民のなかには、貧しい両班に金を払って、自分の名をその両班の族譜のなかに加えることによって、両班になりすました者もあった。しかし、そのような事実が発覚した場合には、捕えられて、死刑に処された。そこで、そのような不正な手段を用いて両班になった者は、ごくわずかしかなかったはずだ。族譜は、家系図に当たるものである。

李朝では両班の体に優れた血が流れているのに対して、常民には劣った血が流れているとみなされていた。両班と常民の通婚は、まったく許されなかった。

両班と常民出身の妾の間に生まれた子は、庶子《ソウジャ》であって、生涯にわたって厳しい差別を受けた。祖先礼拝の祭祀《チェサ》の時は、床上にあがることが許されず、土間から礼拝しなければならなかった。

四方教授による大邱の「戸口帳籍」を中心とした身分別人口分布の研究

身分別人口分布　　　　　　　　単位　%

年度	両班	常民	奴婢その他	計（人口・人）
1690年	7.8	49.5	43.1	100（13,913）
1729〜32年	14.8	52.8	32.4	100（15,266）
1783〜89年	31.9	52.2	15.9	100（12,300）
1858年	48.6	20.1	31.3	100（13,195）

中人は、中央官庁の実務を行う階級だった。主に医術、通訳、観象、計算、法律、写字、図書などを担当した。両班は体を動かして働くことを禁忌としていたので、中人が発生した。中人は常民と庶子を合わせて、中庶とも呼ばれた。観象とは、気象のことである。

中人は第十四代国王の宣祖《ソンジョ》（在位一五六七〜一六〇八年）の時代に発祥したというのが、学界の通説となっている。両班と常民や、賤民のあいだの緩衝的な役割も果たした。

両班の人口が李朝を通じて異常なまで、大幅に増えたのは、両班が常民の犠牲のうえに、自分たちだけが恵まれた生活を送ったからだった。常民の生活環境といえば劣悪なもので、悲惨きわまりなかった。

両班は常民の妻や、娘や、財産をいつでも奪うことができたし、その生殺与奪の権を握っていた。常民は過酷な生活を強いられるなかで、淘汰《とうた》されて、人口が減っていった。いったい、このような国を、国と呼ぶことができるのだろうか。

李氏朝鮮では、常民は自滅するほかなかった。その結果として、両班だけが繁殖して、はびこるようになったのだった。

それでも韓国には、どうして両班の人口が李朝を通じて異常なまでに増えたのか、ということに着目した研究が、なぜなのか存在していない。韓国人は都合の悪い過去に、目をつむる性向がある。

同じようなことが、日本統治から解放された後の時代についてもいえるが、李承晩政権のもとで韓国戦争前、あるいは戦乱中に、韓国の政府と国軍が同じ韓国民に対して行った、数十万人におよぶ大量虐殺についても、目を閉じている。

両班には、納税、兵役、賦役の義務がなかった。両班はつねに常民に対して威張り散らし、権力欲だけは旺盛だったのに、国や、社会にまったく貢献していなかったのだ。これらの義務は、中人以下の常民にだけ課せられていた。両班は特権階級であっただけではなく、いたずらに寄生していた存在であって、働く常民の血を徹底的に吸った。

徳川期の日本では、李氏朝鮮と対照的に支配者だった武士階級は贅沢を戒め、庶民に手本を示そうとした。そして汗を流すことを厭《いと》うことをせずに、庶民の先頭に立って困難と取り組んだ。徳川の日本と、李氏朝鮮との間に、何と大きな違いがあることだろうか？

韓国と日本の国民性は、それぞれ李朝時代と徳川期を通して形成されたのだった。それが今日まで及んでいる。

日本では藩の役人と、農民が協力して治水工事に当たったり、新田を開墾したり、役人が村民や、町民とともに、新しい産物を創出することに努力した。武士は必要がある時には、庶民と一緒になって、力仕事にいそしんだ。

日本では今日でも、「お上」に対して国民が信頼感を寄せているのに、韓国ではそのようなことがまったくない。日本では明治の新時代に入った時でも、武士は全人口の八％弱にしか当たらず、一割を占めていなかった。人口比率で、武士の人口が大きく増えることがなかった。

両班からみると、体を使って働くのは卑しいことだった。これは、何とも滑稽なことだった。李朝末期の朝鮮を訪れた西洋人は、両班が体を動かすことを尊厳を傷つけるとみなして、すべて使用人に行わせたことに、あきれている。

イギリスの著名な女性旅行作家だったイザベラ・ルーシー・ビショップ夫人は、「両班たちはキセルですら、自分で持つことをせず、徹底して何一つしないのが習わしであった」と、記している。これは、決して誇張ではなかった。両班は体を動かして、汗をかいてはならなかった。

スウェーデン人のアーソン・グレプストも、李朝末期の社会を見聞して、「両班は人の目に少しでも労働と映ることなら、できるかぎりそれから遠ざかろうとする。自分の手で衣服を着てはいけないし、タバコの火も自分で点けてはならない」(『悲劇の朝鮮』)と、観察している。

当時の朝鮮を訪れた西洋人による、このような見聞記は、他にいくらでもある。

韓国では今も働かない者が尊敬される

両班は科挙の試験科目である『大学』『中庸』『論語』『孟子』の四書と、『易経』『書経』『詩経』『礼記』『春秋』の五経などを学んだ。しかし、これは美辞麗句を並べる、虚ろな稽古《けいこ》でしかなかった。

そして、仕官することもなく、何ら仕事をせずに学んでいる両班は、「ソンビ」と呼ばれて、敬われた。「ソンビ」は儒学者で、仕官せずに、毎日を無益にも四書五経を学びながら、悠々と送っている者を、指している。この言葉には漢字がない。

今でも韓国ではアメリカの一流大学に学んで、学位をとってから帰国して、就職せずに生活を送っている者がいると、「彼はソンビだ」といわれて、敬意を払われるものだ。

李氏朝鮮では、土地はすべて国王が所有していた。そこで土地を用いる者は、王から土地を預かる形をとった。両班だけがそのようにして、土地を預かることができた。

両班はそのように一定の農地を支配して、常民に耕作させて、その収穫を掠め取って生活した。しかし、自分より上にいる権力者に、袖の下である薬債銭を贈り続けないと、いつ土地を没収されるか分からなかった。

朝日修好条約後に開港した釜山を、一八八〇年代に訪れた大倉喜八郎は、つぎのように東京日日新聞に寄稿している。

「朝鮮政府の無状なるさま亦《おおいに》言語に絶したり。昨年の飢饉の如き人民の道路に餓死する者、陸続として相望めども、官吏は恬《てん》として（落着いて）見ざるがごとく、なほも例によりて暴政を行へり。

人民は素《もと》より無気無力なれば、艱苦《かんく》を忍んで暴政を甘んじ、更に竹槍蓆旗《たけやりむしろばた》を掲ぎ出す程の気力も無き者どもなれば、一人として官吏の暴虐を責むるの意なく、政府は斯《か》の如《ごと》き者《もの》と思ひて只恐るゝこと虎の如く、尊ぶこと鬼神の如し。

是に於て官吏は八道無事にして天下太平なりと云ひ、政府は尭天舜日（王の仁徳があまねく人民にゆきわたって）万民鼓腹（生活が安定し、満腹である）の世なりと思へり」（ルビ、一部の句読点とカッコ内の部分は、筆者が加えた。）

これは当時の朝鮮社会を、忠実に描いたものであったろう。それから百年以上もたっているのに、今日の北朝鮮の状況を描いた文章として、そのまま手を加えることなく、通用しよう。

大倉は後に、大倉財閥の創始者となった。

今日、韓国は一人当たり国民所得からみると、そう遠くない将来に先進国の仲間入りをとげようとしている。にもかかわらず、多くの韓国人の青年男女が、外国への出稼ぎに出ている。そのうえ、韓国民のほぼ全員が、アメリカをはじめとする先進諸国へ移住する強い希望を持っている。有力政治家や、財閥グループの子息たちも、けっしてこの例外ではない。

このような現象は、日本の生活水準が中進国のものであった時代にも、みられなかったことだった。なぜ、韓国では、国民のほとんど全員が胸のなかで、自分が生まれ育った、住み慣れた国をあとにして、海外へ移住したいと、こぞって願っているのだろうか？

多くの青年男女が海外へ出稼ぎに出るのは、韓国では貧富の格差が大きいためである。ところが、富める階層にとっても、アメリカに移住するのは夢である。

このような現実と、サッカーのワールドカップの期間中にソウル市庁前の広場や、スタジアムの観覧席を埋めて太極旗《テグクキ》を振り、「大韓民国《テハンミングク》！　チャチャチャチャ！」と絶叫して、愛国心を燃え立たせた群衆の違いを、どのように説明したらよいのだろうか？　韓国人は愛国心を持っていても、韓国に住みたくないというのは、大きな矛盾だ。

韓国人は今日でも、自分の国をまったく信頼していないのだ。これは李朝時代に形成されたメンタリティが、そのまま生きているからである。

李氏朝鮮は日本のような和の精神を欠き、両班たちは強い者が法を枉《ま》げて勝手に振る舞っても許され、弱い者を抑えつけて、弱者から奪うことが当然であると考えた。それは苛酷な社会だった。

そこで韓国が真の先進国入りをするためには、李氏朝鮮の鋳型を破壊して捨て去ることが、どうしても必要である。

一八八〇年代にそのような自覚を持って行動した、青年政治家たちがいた。開化派《ケファパ》と呼ばれたグループを形成していたが、なかでも金玉均がそのリーダー格だった。この芽が摘まれることがなかったとしたら、今日の朝鮮半島のありかたが、大きく異なっていたことだったろう。

閔妃の策略によって、義父の大院君が追放されてから、高宗十三（一八七六）年に朝日修好条約が結ばれると、朝鮮は日本よりも二十二年遅れて、西洋文明を受容する開化の時代に入った。そして、それまで頑迷な儒教の朱子学によって呪縛され、徹底的に排斥されていた、西洋の思想や、技術の体系である西学が、ようやく取り入れられるようになった。

その年中に日本の発展ぶりを視察するために、日本へ第一回の修信使が派遣され、四年後に同じ目的をもって、第二回目の修信使が日本を訪れた。韓民族が長かった眠りから、目を覚まそうとしていた。

朝日修好条約後の九年間は、朝鮮の未来に曙光《しょこう》がさした時期となった。「漢城（後の京城、ソウル）の春」といって、よかった。しかし、これはあまりにも短い春でしかなかった。日本へ遣わされた使節が「修信使」と呼ばれたのは、李氏朝鮮が鎖国をしていたのにもかかわらず、日本とだけは国交を持っていたことから、「修旧信」（古い誼《よし》みをととのえる）という意味だった。

金玉均《キムオクキュン》は哲宗二（一八五二）年に忠清南道の公州邑《コンジュウプ》で、両班で書堂の教師であった金炳台《キムピョンテ》の子として生まれ、幼少より英才の名が高かった。五歳で父の従弟であった金炳基《キムピョンギ》の養子となったが、金炳基は安東金氏の一員だったから、安東金氏による勢道政治のもとで、左賛成をつとめた。

金炳基は高宗を王位につかせた趙大妃と、きわめて近い姻戚関係にあった。左賛成は従一品の高い官職で、国土計画や、外交や一般の政事の処理を担当した。そこで金玉均は、当時の最高の権勢家の血筋を受けていた。

金玉均は四歳から、『千字文』を学んだ。『千字文』は中国六朝時代の教科書で、千の漢字を二百五十の四字句に綴《つづ》った初級教本である。幼少の時に養父と月を眺めながら、「月雖小照天下」（月は小さいのに全天下を照らす）という詩をその場でつくって、養父を驚嘆させた。

金玉均は二十一歳で、科挙試験の文科に首席の成績で合格した。そして、趙大妃によって引き立てられ、すぐに玉党承旨《オクタンスンジ》に任じられた。玉党は儒学の教学の最高機関であった弘文館のこ

ご購読ありがとうございました。今後の出版企画の参考に
致したいと存じますので、ぜひご意見をお聞かせください。

書籍名

お買い求めの動機

1　書店で見て　　2　新聞広告（紙名　　　　　　　　　　）

3　書評・新刊紹介（掲載紙名　　　　　　　　　　）

4　知人・同僚のすすめ　　5　上司、先生のすすめ　　6　その他

本書の装幀（カバー），デザインなどに関するご感想

1　洒落ていた　　2　めだっていた　　3　タイトルがよい

4　まあまあ　　5　よくない　　6　その他(　　　　　　　　)

本書の定価についてご意見をお聞かせください

1　高い　　2　安い　　3　手ごろ　　4　その他(　　　　　　　　)

本書についてご意見をお聞かせください

どんな出版をご希望ですか（著者、テーマなど）

郵便はがき

料金受取人払郵便

牛込局承認

5559

差出有効期間
2019年12月7日まで
切手はいりません

162-8790

東京都新宿区矢来町114番地
神楽坂高橋ビル5F

株式会社ビジネス社

愛読者係行

ご住所 〒

TEL:　(　)　FAX:　(　)

フリガナ お名前	年齢	性別 男・女
ご職業	メールアドレスまたはFAX メールまたはFAXによる新刊案内をご希望の方は、ご記入下さい。	

お買い上げ日・書店名

年　月　日　市区町村　書店

とであり、承旨は王命によって出納を担当する役職だった。

　金玉均は俊才として、若くして頭角を現わしたが、高宗からもその才覚を認められた。そして、朴泳孝《パクヨンヒョ》や、首相格の領議政の次男の洪英植《ホンヨンシク》や、徐光範《ソクアンボム》、徐載弼《ソジェピル》などの当時、宮廷にあった秀才たちと親しく交わるようになった。

　朴泳孝も金玉均と同じような多感な青年だったが、哲宗十二（一八六一）年に生まれた。哲宗の娘と結婚したために、王の婿であったから、王族として待遇されて、錦陵尉《クムヌンウィ》という尊称を贈られていた。

　あの時代では、男子は八歳から、十歳ぐらいで、女性は十六歳から十八歳が、子を産める適齢とみなされて結婚した。当時は幼児死亡率が高かったが、男子を産むことを「富貴多男」といった。男子を産まなければ、婚家から追われた。

　金玉均と朴泳孝は、二人の貴公子だった。しばらく後に、この二人の貴公子は李氏朝鮮を揺るがすことになる。

　金玉均は朴珪寿《パクキュス》の知遇をえた。朴珪寿は開化主義者であったが、当時は元老になっていて、今日であれば副総理格になる右議政をつとめた。朴珪寿は金玉均よりも、四十四歳も年長だった。

　朴珪寿の祖父は、燕岩を号とした朴趾源《パクチウォン》で、当時の社会的矛盾を強く批判するかたわら、商工業と技術を開発することを主張した、実学者だった。朴趾源は一七三七年に生まれて、六十八歳で没している。

実学は朱子学が空理空論に終始するばかりで、何の役にも立たないことから、功利的な学問を行うことを求めたものだった。そのかわりに、朱子学派から迫害された。朴趾源によって代表された実学は、第二十一代王の英祖（在位一七二四〜七七年）の時代に、一時だけ認められることがあって、隆盛したが、その後、朱子学派によって排斥されて、力を失ってしまった。

朝鮮の高杉晋作になれなかった金玉均

金玉均は九歳の時に、養父が江陵府使に任命されて、江原道の東海岸の江陵に赴任した。江陵は港町で、風光明媚《めいび》なことで知られているが、実学が興ったところである。そこで、まだそのような空気が残っていたのだろう。

朴珪寿は哲宗十二年（一八六一）と高宗八（一八七一）年に、外交使節として中国を訪れ、『海国図誌』をはじめとする多くの書籍を持ち帰っていた。朝日修好条約は朴珪寿の力によって、守旧派の強い反対を押し切って、結ばれたのだった。

金玉均はこれらの書籍を、貪るように読んだ。また、朴珪寿邸で知り合った通訳官の呉慶錫《オギョンソク》と、呉慶錫と親しかった漢医師の刘大致《ユデチ》からも、強い影響を受けた。この二人は中庶の中人だったが、呉慶錫は中国に十回以上も往来しており、刘大致も内外の情勢に詳しかった。

金玉均と朴泳孝は、刘大致の門下生というほどまでに、刘大致に私淑するようになった。そしてついに二人は、両班の貴公子でありながら、両班が国を亡ぼしていると信じるようになり、両班制度を排除しなければならないことを、胸中に決した。

金玉均や、朴泳孝たちは開化派を形成するようになったが、西大門の西方の森林のなかに、ひっそりと隠れるように建っていた、仏教の奉元寺《ホンウォンサ》の住職の李東仁《イドンイン》をたずねた。

当時、李東仁はすでに日本を何回か訪れており、日本語も話せるようになっていた。李氏朝鮮は愚かしいとしかいえない朱子学によって凝り固まって、仏教を徹底的に排斥していたから、寺といえば、すべて山のなかに逃げ込んでいた。

このときに、仏教はまだ弾圧されていた。しかし、国民の多くの者が仏教を秘かに信仰していた。仏教が復権することができたのは、日韓併合後のことだった。

李東仁は開化僧として知られたが、金玉均たちに日本で入手した万華鏡を見せて、「これがポルトガルの軍人、ロンドンの街角……」というように解説したうえで、いろいろな写真を見せた。

そして、日本の書籍の『万国史記』を、まわした。内容は万国の紹介と、それぞれの歴史を綴ったもので、みな日本語を読むことができなかったが、漢字を追うことによって大意を摑むことができた。そして、本を手に取ると、ページをめくるうちに、そろって嘆声を発した。自分たちがいかに井のなかの蛙《かわず》にすぎないかということを、痛感した。

金玉均はこの時に、李東仁に金銭を渡して、次に日本を訪れた時に、参考になる本や、品物を購入することを依頼した。李東仁は二カ月後に、書籍、写真、マッチなどを携えて戻ってきた。全員がマッチを手にしたのは、はじめてだったから、発火するのを見て、目を大きく見開いて驚いた。

金玉均は高宗十七（一八八〇）年には、今日であれば次官級に当たる戸曹参判に昇進していた。高宗の命によって日本と世界の事情を調査するために、はじめて日本へ渡った。この時、三十歳になっていた。

高宗十七年には、やはり高宗の命によって、十二人の開化派の有力官僚から構成される紳士遊覧団《シンサユラムダン》と呼ばれる視察団が、日本へ渡っている。

金玉均はこの時、四カ月にわたって日本に滞在して、福沢諭吉や、自由民権運動の立役者だった後藤象二郎と親交を結び、日本の多くの政財界の指導的な地位にある人々と、意見を交換した。呉慶錫や、刘大致の薫陶を受けていたから、福沢や、後藤たちとすぐに胸襟を開くことができた。なかでも、外務卿であった井上馨と意気投合した。

金玉均にとって、明治維新からすでに十三年を経過していた日本は、有益な刺激に満ちていた。見聞したことは、すべて祖国の将来に希望をいだかせるものばかりだった。金玉均は日本を手本として、朝鮮を近代化しなければならないと、確信をいだくようになった。日本は退嬰《たいえい》していた祖国にとって、よい前例だった。

壬午軍乱で武衛営の反乱兵士と群衆が、日本公使館を襲撃したのに対して、日本の公使一行が脱出する時に焼き払ったために、日本は、謝罪使節を日本へ送ることと、その損害を補償することを要求した。済物浦《チェムルポ》で朝日交渉が行われ、高宗十九（一八八二）年に済物浦条約が結ばれた。済物浦は、今日の仁川である。

それを受けて、その年中に朴泳孝が正使となって、十三人の謝罪使節団が日本船の明治丸に乗って、日本へ向かった。このなかに、金玉均も使節団の顧問として、加わっていた。金玉均は訪日に当たって、胸に大きな計画を秘めていた。

高宗二十（一八八三）年には、閔泳翊《ミンヨンイク》が正使となった報聘使が、はじめてアメリカを訪れている。朝米修好通商条約は、その前年に結ばれていた。

李氏朝鮮の宗主国であった中国——清の李鴻章北洋大臣が、日本が朝鮮で勢力を伸ばしつつあったのを牽制《けんせい》するために、李朝朝廷に対して「以毒制毒」するように、アメリカだけではなく、イギリス、ドイツ、フランスなどの諸国に対しても、開国するように指示したからだった。

中国や、李氏朝鮮でまだ力を持っていた守旧派からみれば、日本も西洋諸国も、毒であった。

華夷思想という歪んだレンズを通してみれば、倭であった日本も、西洋も同じ夷でしかなかった。

しかし、いったい朝鮮にとって中国と、日本や西洋の先進諸国とのどちらのほうが、毒だったのだろうか？　中国の腐りきった文化こそ、韓民族を救い難いまで毒してきたのだった。

李氏朝鮮はそのような中国を、宗主国として崇めてきたのだった。今日でも韓国語で「大国《デグク》」というと、アメリカや、ロシアのような大国も他にあるのに、中国だけを意味している。李氏朝鮮の鋳型は、そのまま中国文化の呪いである。

その後のアジアの歴史は、中国的なるものと、日本的なるもののどちらのほうが、開明的であって、発展をもたらしたのか、証している。

金玉均は、日本を光として見た。中国は、闇であった。

私にとって今日の日本の政界や、経済界や、知識層のなかに、「親中派」が多くいるのは、不思議なことだ。今日の中国も、清か、明の時代を型紙としてつくられていて、残酷な政治文化を受け継いでおり、腐敗している。

十九世紀末期から近代に入った後のアジアの混乱は、多分に中国が腐敗して、混乱していたことによって、もたらされたものである。

十九世紀末期の朝鮮に、話を戻さねばなるまい。

アメリカは、朝鮮がはじめて洋夷《ヤンイ》と国交を結んだ国となった。そこでアメリカへ派遣された使節は、日本の場合と違って修信使といわずに、「報聘（答礼のために訪問する）使」と呼ばれた。

報聘使がアメリカを訪れた三年後には、三人のアメリカ人が漢城に招かれて、王立の洋学校として育英公院が設立された。キリスト教に対する禁教も解かれたので、アメリカの宣教師が培材《ペチェ》学堂と、梨花《イファ》学堂（今日の梨花女子大学）を創設した。

歴史を振り返ってみて、もし、あの時にああなっていたら、その後の歴史の進路が異なっていただろうというのは、無益なことかもしれない。

高宗二十一（一八八四）年に、科挙に合格した進士のなかから、七十人が選ばれて、日本へ留学することが決められた。このなかの一人に、安泰勲《アンテフン》がいた。科挙に合格すると、全員が進士となった。

安泰勲は後に伊藤博文公爵をハルビン駅頭で暗殺した、安重根《アンジュンクン》の父である。しかし、この年に、金玉均と朴泳孝が中心となった開化党が、高宗の同意のもとにクーデターを試みて、政権奪取に失敗した甲申政変が起こったために、留学計画は反古となった。

もし、安泰勲が日本に留学して、日本の実情をよく知るようになったとしたら、安重根が伊藤公を暗殺することはなかったと思う。

第三章

溶解しはじめた李氏朝鮮

――クーデター、民衆蜂起、そして清日戦争

李朝を亡国に導いた宗主国に阿《おも》ねる事大主義

日本は明治維新を成し遂げて、一八六八（明治元）年に近代化に踏みだした。日本はじつに見事な転換を行った。

しかし、日本はアメリカのペリー提督の「黒船」と呼ばれた艦隊が浦賀に来寇《らいこう》したのをきっかけにして、勤皇佐幕に分かれて抗争した間も、勤皇派も佐幕派も西洋の列強の脅威を撥ね除けて、日本の独立を守り抜こうとしたことでは一致していた。日本では外国の力を借りて自己の利益を図ろうとした勢力は、国内にはまったくなかった。

日本には李氏朝鮮から五百十八年にわたって、自主の精神を奪った事大主義《サデチュイ》が存在していなかった。日本は歴史を通じて独立の邦であるという強烈な意識を持って、必要があれば自分の力で独立を守ろうとする、固い決意を持っていた。

それに日本はいつの時代にも、武を尊《おも》んじていた。このような尚武の精神こそ、明治維新と、その後の日本に近代国家として目覚ましい発展をもたらした。

それに対して李氏朝鮮は、太祖の李成桂が李朝を創建した時から、中国を宗主国として仰いで阿《おも》ねったために、自分の力で国を守る気概をまったく失っていた。この結果、軍事力を疎《うと》んじて、軽武装主義をとった。今も昔も、尚武の気風と、国を守る気概がなければ、独立国家を支えることはできない。

李氏朝鮮では、中国に依存する事大主義が国是となった。そこで大院君が宮廷から放逐されて、高宗十三（一八七六）年に日本と江華島条約を結ばれた後に、清、日本、ロシアをはじめとする諸国が朝鮮半島において力を競うようになると、国王をはじめとする権力者は、それぞれの思惑から、その時々に優勢だと思われた外国勢力と結んで、自分の力を伸ばそうとした。

李氏朝鮮は自主の邦の気概を欠いていたから、国王を頂点として、ほぼ全員が事大主義にすっかり染まっていた。

国王の高宗と閔妃をとれば、大院君を失脚させたうえで、別名を江華島条約として知られる朝日修好条約を結んでから、七年というものは、大院君を頭とした守旧派の勢力に対抗する必要から、親日派となった。守旧派は崇華思想によって、凝り固まっていた。

ところが、大院君が高宗十九（一八八二）年の壬午軍乱によって、九年ぶりに政権を再び握ったものの、宮中に押し入った反乱兵によって殺されたと信じられていた閔妃が生きていて、閔妃の策謀によって、清軍が進駐した。

大院君が清軍によって北京近郊まで拉致されて、大院君の一カ月あまりの天下が終わると、閔妃が実権を握り、閔氏政権が回復した。高宗と閔妃は日本は頼りにならないと判断して、清に取り入るようになった。

李氏朝鮮における権力の中心は、絶対者である国王だった。ところが、高宗は頭がよくて、利巧であったものの、意志が薄弱で、信念をまったく欠いていたうえに、自己の保身ばかりを考えていた。そして閔妃のいうままになっていたが、大院君が壬午軍乱によって一時復権すると、閔妃が殺されたと信じたこともあって、今度は大院君のいうままになった。

李氏朝鮮は権力者による醜い抗争に明け暮れ、精神的な主柱を欠いた国だった。

十九世紀末へ向けた李氏朝鮮、清、日本の三つの国を比較すると、韓民族の悲劇が浮き彫りとなる。

西洋の貪欲きわまる帝国主義が門外にまで迫った時に、李氏朝鮮の代表的な人物といえば、高宗と閔妃であり、中国は西太后だった。日本は、明治天皇である。この四人の人柄は、それまでの三つの国の政治文化と生活文化によって、つくられた。李氏朝鮮は中国の属国に進んでなっていたから、〝ミニ西太后〟であった閔后が跋扈《ばっこ》したのも、仕方がないことだった。

李氏朝鮮は五世紀にもわたって、中国文化という汚濁しきって、腐臭を発する甕《かめ》のなかに漬けられていた。

アジアでは中国が闇であり、日本が光であってきた。

いずれにせよ、国が尚武の心と独立の精神を失うと、人々が公益を忘れて、私利だけを追求するようになり、社会が乱れて、国が亡びることになる。私は今日の日本が、李氏朝鮮に急速に似るようになっていることを、憂いている。

日本では、アメリカ、あるいは中国という大国に対する事大主義がはびこるようになっている。自らの手で自国の歴史を改竄《かいざん》して恥じないかたわら、これらの大国に阿っている。

李氏朝鮮では日頃、「恩甚怨生《ウンシムウォンセン》」(恩が甚《はなは》だしければ、怨みが生じる)とか、「背恩妄徳《ベウンマントク》」(恩徳を蒙っていながら、恩を忘れて裏切る)という言葉が罷《まか》り通っていた。結局のところは、道徳の源泉は公徳心にあり、公徳心は愛国心なしに存在しえない。

今日でも韓国人は、世話になったことをすぐに忘れるのに、怨念が強いといって、アメリカにおいても顰蹙《ひんしゅく》を買っている。「韓国人はアルツハイマーになっても、怨みだけは覚えている」と揶揄《やゆ》されている。

だが、汚濁した甕のなかにも、ごく一部だったが、澄んでいるところがあった。

韓民族を窒息させてきた事大主義を排して、韓民族が独立の邦となるべきだと考えて、勇気をもって立ち上がって、行動した青年たちがいた。

金玉均、朴泳孝、徐載弼、洪英植をはじめとする独立派が、それに当たった。独立派は独立党、あるいは開化党としても知られたが、おぞましい中国の軛《くびき》から脱して、自主の邦である朝鮮を、生命をかけて創ろうとした。

清が壬午軍乱の後に、四千人の清兵を漢城（今のソウル）に派兵すると、清の影響力が再び強まった。弁髪を結んだ清兵が漢城の街路を、わがもの顔で闊歩した。李朝では慕華主義を奉じる守旧派が、力を回復するようになった。そして清が李朝に、いっそう干渉するようになった。

清兵は軍紀が乱れていたので、庶民たちから恐れられ、嫌われていた。それに李氏朝鮮の支配層は中国を崇めていたが、庶民は中国人が穢《きたな》く、不潔なことから、「テンノム（垢《あか》まみれの奴）」といって、蔑んだ。今日でも、韓国語のなかに、中国人を指す「テンノム」という言葉が残っている。

このような状況のもとで、守旧派ともいわれた事大派と、独立派の間の対立が深まった。守旧派は、親清派でもあった。

金玉均は同志と図って、祖国を救うために事大派をクーデターによって一掃して、独立党による政権を樹立することに決した。

金玉均は口癖のように、「日本がアジアのイギリスであれば、朝鮮はフランスとなるべきだ」という持論を、披露した。朝鮮が〝第二の日本〟になることを夢見た。そして日本を手本にして、近代化を急ぐべきだと信じた。

といって、日本に対する警戒心がまったくなかったわけではなかった。しかし、朝鮮から清の影響力が一掃されないかぎり、日本がすぐに危険な存在になることはない、と判断していた。

金玉均は朽ちた大木となっていた清が、早晩、崩壊することを予見していた。この判断は正しかった。清と絶縁しないかぎり、朝鮮の近代化を成就することができない、と考えた。

清は高宗二十一（一八八四）年六月から、安南と呼ばれたベトナムを奪って支配しようとしたフランスと、清仏戦争を戦った。フランス艦隊が清国海軍の根拠地である福州を攻撃し、台湾と寧波を、海上から封鎖するかたわら、澎湖島を占領した。清軍は陸戦でも敗退した。清にとってベトナムは、李氏朝鮮と同じような藩属国であった。

金玉均や、朴泳孝たちは、清が清仏戦争に精力を奪われているために、事を起こしても動けないだろうと考えた。

清は朝鮮における影響力を回復するために、丁汝昌《ていじょしょう》提督が北洋艦隊に乗った四千人の清兵を率いて、漢城に進駐したのだった。北洋軍閥の巨頭である袁世凱《えんせいがい》が、漢城に派遣された。だが、高宗も、閔妃も、清が細かいことまでに、さかんに干渉するのに、辟易《へきえき》するようになっていた。

日本公使館を舞台に、クーデター謀議重ねられる

この年の十一月に、金玉均と朴泳孝を中心とする独立派は、密議を重ねたうえで、「革命」――クーデターの準備にとりかかった。

朴泳孝は十一月一日に、日本の竹添進一郎公使を訪問した。朴泳孝は竹添公使に、抜本的な国政変革を火急に行う必要性を力説して、計画を打ち明けた。

これに対して、竹添は真剣な表情を浮かべて、「清国がじきに亡びることは、明らかです。貴国の改革の時期は、まさに迫っています。大監《デカム》（尊称）と有志の方々が、このような好機を逃せば、千秋の遺恨を残すでしょう。積極的に援助することを、約束します」と述べた。

朴泳孝は竹添が勧告しているというよりも、煽動《せんどう》しているという印象を受けた。

朴泳孝が公使館を出た直後に、事大派の外務協弁（次官に当たる）の尹泰駿《ユンテジュン》が、竹添を訪ねた。竹添を訪ねたのは、大院君が帰ってくるという噂が、流れていたためであった。事大派として、大院君が帰国するのならば、日本の了解を得る必要があった。

だが、竹添は冷淡だった。竹添は、「大監たちには表裏がありすぎます。日本と親しくつきあうかと思えば、いつのまにか清国に従います。しかし、あなたたちが宗主国であるとみなしている清国は、近いうちに亡びます」と、述べた。

翌日、竹添は高宗に拝謁した。竹添は高宗に、こう語った。済物浦条約で決めた五十万円の賠償金のうち、四十万円は貴国の軍事費に使ってほしい、清国は清仏戦争で連敗しているから、清について再考されたい、大院君の監禁は不当であるから、清に対して即刻、帰還させるよう に要求すべきだ、日本は朝鮮の内政を改革するのを援け、欧米の公法に従って早急に自主国家となることを願っている、というものだった。

済物浦条約は壬午軍乱の時に、日本公使館が反乱兵と群衆によって襲われて、焼失したのに対して、賠償することを約束したものだった。高宗は竹添の話に大いに満足し、日本の厚意に感謝した。

竹添がこのように、日本として積極的に援助すると申し出たことは、開化党を大いに励ました。

この時、金玉均は訪日した折りに親しくなった福沢諭吉と後藤象二郎に宛てて、信書を認めている。「武力革命を起こすのに当たっては、是非とも日本人の参加をえて行うべきです。私には金銭の余裕も、権威もありません。権威があって、我らとともに革命を起こし得るのは、閣下だけです。私は君主の密勅をもらって、閣下と共に行動する所存です」

清軍は兵力が千五百人に減っていたが、駐留を続けていた。金玉均たちは日本軍の援けなしに、クーデターを行えなかった。それに独立派は、あまりにも無勢だった。この時、日本軍は漢城に百四十人しかいなかった。

金玉均は国王の承認を秘密裡に得て事を挙げることが、大義名分としてどうしても必要であると考えた。金玉均は高宗から信頼されていたので、成算があった。

そして革命が成功した暁に、諸外国がいかなる態度で臨むかということにも、気を配った。金玉均はイギリスのアストン公使や、アメリカのフート公使と何回も会って、クーデター計画を告げて理解を求めた。

十一月十六日に、金玉均は朴泳孝と連れだって、二人にとって改革思想の恩師となってきた、漢医師の刘大致《ユデチ》を訪ねた。刘大致は病床に臥せっていた。金玉均と朴泳孝が両班の名門の出身であったのに対して、刘大致は中人であったが、世界の事情をよく学んでいた。金玉均も、朴泳孝も、階級的な差別観をいだいていなかった。

二人は「新しい朝鮮を建設するために、一身を捨てる覚悟です。近日中に、クーデターを起こします」と告げた。

刘大致は、「何よりも、日本の態度が心配ですね」と質した。

「心配なのは、日本軍が精鋭であるといっても、百四十人しかいないのに対して、清兵はいまだに千五百人以上が駐留していることです。清軍が兵力十倍以上であるのに加えて、朝鮮兵が事大党の側に与しているので、二十倍になります」

金玉均がそう答えた。しかし、日本が積極的な支援を示すのを前にして、清が清仏戦争で窮地に立っているために、日本と衝突することを躊躇《ためら》うだろうと目論んでいた。金玉均は清仏戦争こそ、絶好の機会を提供している、と考えていた。

朴泳孝が、「勝負は人数によって決められません。われらには一人当百《イリンタンベク》の勇気があります」といった。

それでも、金玉均は心のなかで日清の兵力の格差について、不安を感じていたにちがいない。まさに、「人事を尽くして天命を待つ」という、心境であっただろう。

金玉均が十七日に高宗に呼ばれて参内して帰ってくると、同志の李仁鍾と李与圭が訪ねてきた。二人は事大党の幹部が午後八時に袁世凱を訪問したが、密談が終わると、兵士たちに夜間でも軍装をつけたまま待機するように、緊急命令が出た、と報告した。事大党と清軍は、あきらかに独立党の不穏な動きを察知していた。

竹添公使は本国政府から再び確認を得るために、清国と一戦を交えることを覚悟して、開化党を煽動して、クーデターを起こすという甲案と、清国との衝突を避けて、開化党は大きな禍いが及ばないように保護するのにとどめる、という乙案を上申して、訓令を待っていた。

東京では、井上馨外務卿と伊藤博文参議が竹添公使の上申書に対して、対朝鮮政策を転換して、乙案を採択した。

ところが、竹添も、金玉均も、東京が方針を転換した事実を、まったく知らなかった。

十一月二十九日に、金玉均は高宗から参内命令を受けて、王宮に入った。

金玉均は高宗が単独で会うということだったから、すべてを明らかにして、国王の胸に訴えようと決心していた。

金玉均は、「天下を見ると、イギリス、フランス、ロシアなどの西洋諸国が虎視眈々《こしたんたん》として、アジアに勢力を伸ばそうと狙っています。フランスは清仏戦争を起こしました。清は財政が極度に窮乏し、その兵は烏合《うごう》の衆にすぎません。戦勢は清の不利が明若観火《ミョンヤククワンファ》です。フランスが清を屈伏させれば、次に朝鮮に向かってくるのは疑う余地がありません。このような事態になれば、今のような疲弊した国力では、対応することができません。他方、ロシアの極東進出が、日に日に力を増しています。そのかたわら清日両国の関係が、急速に悪化しています。日本は軍備拡張に、昼夜の区別なく努めていますが、清日戦争の準備であることは疑う余地がありません。そうなれば我国は戦場と化してしまいます。事態を傍観しているのでは、我国の立場が重大な危険に曝《さら》されることになります」と、上奏した。

高宗は金玉均の言葉一つ一つから、胸を針で刺すような重みを感じた。

この時に、閔妃が隣の寝室から入ってきた。これは意外だった。閔妃は夫と金玉均との対話を、隣室で聞いていたのだった。

閔妃は金玉均に対して、「卿《ヒャン》の話を久しぶりに聞いたが、それほど情勢が緊迫しているのなら、対処すべき計略がありますか」と、質した。

金玉均は、「日本と清国はいつ戦争を始めても驚かないほど、緊迫しています。開戦となれば、朝鮮が戦場になります。清を放逐しなければ、王室の存立も危うくなります。何としてでも、妙策を樹てねばなりません」と、答えた。

高宗も、閔妃も、同意した。このうえで金玉均は、清の走狗《そうく》となっている事大派を一掃するクーデター計画を進めていることを、詳らかに説明した。

閔妃も、金玉均の必死の訴えによって、動かされたようにみえた。

閔妃が「卿は私を疑ってきたのかもしれないが、国家が存亡に立ち至った時に、私のごとき婦女子の分際で国家の大計を誤らせせようか」と、いった。

高宗は、「卿の策略に一任する」といった。

金玉均は深く安心して、「願わくば殿下《ジョンハ》の親手密勅《チンスミツチエク》を下されば、臣が肌身につけて、御恩に報います」と述べた。

高宗はその場で筆をとって勅を書き、自分の手で国印を押したうえで、金玉均に渡した。

朝鮮国王は「陛下《ペハ》」ではなくて、華夷秩序のもとでは、中国皇帝のみが「陛下」の尊称を用いることができたから、「殿下」と呼ばれた。こんなところにも、李氏朝鮮が独立国でなかったことが表われていた。

ずさんなクーデター計画、裏づけのない楽観論

金玉均は密勅を持って、帰ろうとした。しかし、閔妃が引き留めて、酒と料理を用意させて、もてなした。金玉均が王宮から出た時には、夜が明けていた。クーデターの勅許が出た。あとはいつ烽火をあげるか、ということだけだった。

十一月三十日に、首謀者である朴泳孝、徐光範、洪英植、徐載弼の開化党の幹部たちが、金玉均の家に集まった。全員が、当時の最高層の両班であった。

五人はクーデターを、中央郵政局の披露宴《ピロヨン》が行われる十二月四日の夕方に、断行することに決めた。月のない暗夜を利用して、王宮内の世子が結婚後、居住する安国洞別宮に放火して、燃えあがらせる。消火のために、軍人や、高官が集まることになる。別宮の隣に徐光範の屋敷があったから、その庭から別宮の屋根に燃焼物を投げて発火させることを、開始の合図とすることにした。

朝鮮で最初の郵政総局《ウジヨンチヨングク》が開設されていたが、その業務が発展しているのを祝って、この日の午後七時から郵政局創立披露宴が催されることになっていた。洪英植が郵政局の長である総弁《チヨンバン》の地位にあった。

この披露宴に事大派の幹部を集めて、別宮の火災の鎮火中に、全員を殺害することになった。洪英植が事大党の幹部が一人も欠席しないように配慮して、招請状を送ることになった。

事大党の幹部を暗殺するのについては、一人ごとに開化党の青年二人が一組となって短刀と短銃を与えられて、襲うことになった。また日本人が四人、補助役として参加することになった。

暗がりのなかで混乱することが予想されたので、韓国語で「天《チョン》！」、日本語で、「ヨロシイ！」を合い言葉とした。

洪英植は領議政（首相）をつとめた洪淳穆《ホンスンモク》の子であり、承旨、参判を歴任したうえで、日本を視察後、高宗二十（一八八三）年に特使として渡米していた。

いよいよ、その日が近づいた。三日の夜に朴泳孝をはじめとする同志たちが、徐載昌《ソジェジョン》の家で集合した。事大党の目を欺くために、ここで宴会を開いてから、酒に酔ったふりをしながら、金玉均の家に移ることになった。

ところが、酒好きの洪英植がしたたかに酔ったために、外に出る時に転倒し、左手に負傷して、血が流れた。

金玉均の屋敷に着いた時に、洪英植は筆と紙を要求して、詩を書いて、金玉均に渡した。「我落之時地治我血、我死之時天鑑我心、惟我同心同我誓心、若背此心蒼天必誅」（私が地に落ちた時に、地は私の血を吸った。私が死ぬ時は、天が見守ろう。私と同じ心を持つ者は、共に誓おう。この決意にもし背いたら、天が誅しよう）

金玉均は文面を読んで、不快な表情を浮かべて「令監、だいぶ酔いましたね」と言って、朴泳孝に文面を回した。朴泳孝も不快な語調で、「みな死の覚悟をしているのに、死ぬと不吉なことをいいますか？」と難詰した。

こうしている間に、竹添公使が日本が弾薬を秘密裏に公使館内に運搬したと報らせてきた。

金玉均はそのかたわら、王の側近の宦官に、王の日課についてたずねた。すると「殿下は、毎夜、近臣を接見されて、政務を処理されるために、翌朝に就寝され、黄昏に起床されます」といった。もっとも、高宗と閔妃は毎夜、早朝まで酒宴に興じていた。それでは、明日の計画に障る。せめて明日だけでも、王が朝起床するように、宦官に依頼した。

夜が深まり、金玉均が寝室に入ってから、日本公使館の浅山顕蔵書記官が走ってきた。公使からの伝言といって、竹添が事大派の幹部と会ったところ、「わが国で今明日の間に大事件が発生するはずだが、公使は外国人であるから慎重に行動するように」といわれたことを知らせた。計画が洩れたのが確実だと心配し、延期したほうが賢明だ、というものだった。

金玉均はあきれて、「公使に伝えなさい。すでに堰《せき》は切れて水が滔々《とうとう》と流れ出ている。それは止められない。政変はすでに始まっていると同じである」といった。

翌日、郵政局の披露宴が予定どおりに始まった。洪英植が客を迎えたが、アメリカ、イギリス、中国、日本などの外国の外交官が到着した。そして、清国が送ってきたドイツ人の外務協弁（顧問）のメレンドルフ、外務省弁（外相）の金弘集、韓圭稷、閔泳翊、李祖淵などの十八人の賓客が、宴席に連なった。

そして別宮に放火したのをきっかけにして、開化党の青年たちが守旧派の顕官に襲いかかり、宴会場はたちまち血の海と化した。韓圭稷、李祖淵、尹泰駿、閔泳穆、閔台鎬、趙寧夏などの事大派の高官がその場で、あるいは逃げるところを惨殺された。閔泳翊は重傷を負った。

火災を知って、王宮に駆けつけた閔氏一族の重臣たちも、独立党の青年や、日本の浪人たちの手によって、次々と斬殺された。

この間中、金玉均と朴泳孝は昌徳宮に参内して、高宗のわきに控えていた。

李氏朝鮮では五世紀にわたって、派閥抗争が猖獗《しょうけつ》をきわめたが、敗れた側はつねに皆殺しにされた。血で血を洗う凄惨《せいさん》な歴史である。

そこで相手を殺さねば、自分と一族が生きられないために、「死生決断《サセンキョルタン》」が党派争いを表わす言葉となった。党派対立は、徹天之恨《チョルチョンジハン》、不倶戴天《ブルグデチョン》のものだった。この悪しき伝統は、今日の韓国と北朝鮮にまだ生きているが、儒教朱子学の特徴は、勝つことばかり考えて、勝者がすべてを独り占めにするものだった。

クーデターによって事大派の中枢を占めていた顕官が殺され、開化党は国王と王宮の全権を掌握した。高宗の信任をえて、大院君の甥の李載元を領議政（首相）、大院君の長男の李載晃を左右参賛《ツオウサムチャン》、洪英植を左議政（副首相）とする新内閣が登場した。金玉均が全員のリーダーであったが、財務次官に当たる、金庫を握る戸曹参判《ホジヨチャムパン》に、朴泳孝は弘文館を司る前後領事《ジョンフヨンサ》に就任した。

大院君の甥と長男を担いだのは、守旧派に対する睨みをきかせるためだった。左右参賛は議政府に属する、正二品の高い官職だが、とくに担当する分野がなかった。

新政府は閣僚の大部分が王族だったが、開化と独立を標榜し、清との事大関係を清算する方針を打ち出した。また、北京近郊の保定府に軟禁されていた、大院君の帰国を求めることとなった。

高宗は事の次第に、大いに満足した。ところが、閔妃は大院君が帰国すれば、自分の地位が危うくなるし、閔氏一族の中心的な人々が殺戮《さつりく》されたことに憤るかたわら、守旧派が壊滅しては、自分の利益にならないと考えて、残存した守旧派の面々と謀って、清軍の出動を要請した。利発な閔妃のことだから、開化派が軽挙してクーデターを試みれば、兵力が圧倒的に多かった清軍の力を借りて、開化派を一掃できると、当初から企てたと思われる。

十二月六日の夜、袁世凱が率いる千五百人の清兵が出動して、王宮に侵入した。日本軍が高宗の裁可をえて、王宮を守っていた。両軍は三時間にわたって交戦したが、日本軍は衆寡敵せず、竹添公使の命令で撤退した。

この瞬間に、開化独立派政権は崩壊した。甲申政変として知られる事件が、終わった。宮中にあった洪英植と、朴泳孝の兄の朴泳教をはじめとする独立党の多くの幹部が、清兵によってその場で虐殺された。

高宗は独立党に密勅まで書いて、クーデターを支持したのに、すぐに開化党を「逆賊《ヨクチョク》」とみなして、新政府のもとで発した王命をすべて撤回して、平然と守旧派に鞍替《くらが》えした。

金玉均と朴泳孝と徐載弼は、竹添公使とともに仁川に逃れたうえで、日本へ亡命した。開化党の家族は三族にわたって、幼児に至るまで殺戮された。

典型的な日和見者・高宗、清日の勝者側になびく

金玉均が中核となった急進改革派によるクーデターは一時、成功したものの、清軍が出動したことによって、革新政権は成立してから、わずか五十数時間後に崩壊した。〝三日天下〟だったのだ。

高宗は自ら金玉均の目の前で、密勅まで書いて与えることによって、クーデターを支援した。そのうえで筆をとって、竹添公使に宛てて、自ら信書まで認《したた》め、日本軍が王宮を警護すること

を求めて、「日使来衛《イルサネウイ》」と書いた。

にもかかわらず、閔妃が夫の王の名を用いて、清軍の出動を要請したために、清軍が到着して、王宮の昌徳宮を包囲すると、無勢の日本軍は敵わず、王宮の守備を解いて脱出した。

高宗は臆面《おくめん》もなく、すぐに清に与することに決した。高宗は金玉均をはじめとする改革派を「逆賊」として認定して、死刑を宣告した。自分の一身の安全と利益こそ、すべてに優先した。

金玉均、朴泳孝、徐光範、徐載弼をはじめとする首謀者たちは、竹添進一郎公使を囲む日本人一行とともに、撤退する一個中隊の百四十人あまりの日本軍に守られて、漢城（ソウル）から、途中、朝鮮兵や暴徒と交戦しつつ、仁川を目指した。この時に、西大門が固く閉ざされていたので、斧《おの》によって門扉を砕かねばならなかった。

今日、ソウルの西大門は、人々や自動車で賑わっている。だが、目を閉じて耳をよく澄ませると、群衆の叫びや銃声や、斧を使う高い音が響いてくる。

金玉均たちのクーデター計画は、あまりにも杜撰《ずさん》なものだったから、失敗した。目的はよかったが、乱暴な賭《か》けだった。

だが、もし甲申政変が成功していたら、その後の韓国の歴史が大きく変わっていたことだろう。

一行は、仁川から日本船千歳に乗った。そして日本の巡洋艦日進によって護衛されて、日本へ向かった。金玉均は、二度と祖国を見ることがなかった。

高宗は政変中に下した王命を、すべて撤回した。閔氏一派が政権に返り咲いたものの、事態を収拾するために開化派の金弘集《キムホンジプ》を重用しなければならなかった。何といっても、外交問題が大きかったのだ。

政変後、高宗は金弘集を右議政に任命したが、翌日、左議政に昇格させた。金弘集は外相に当たる外務督弁も、兼任した。右議政と左議政は、ともに副総理に当たった。金弘集は開化派の一人だったが、甲申政変のクーデター計画には、参加していなかった。

金弘集は家系を遡ると、新羅の第五十六代の敬順王が始祖という名門の出身だったが、この年に四十二歳だった。中始祖が高麗の将軍であった金順雄というように、代々国に尽くした家柄だった。

性格が温厚で、清廉なことで知られ、人望があった。金弘集は開国後の高宗十七（一八八〇）年に日本へ第二次修信使として渡っていたが、実学者であり、開化思想家であった朴珪寿と親しかった。甲申政変を引き起こした金玉均や、朴泳孝、李東仁、徐光範たちは、朴珪寿の門下生といえた。

修信使として日本を訪れた金弘集について、東京日報は次のように報じている。

「修信使の金弘集は極めて沈着な人物で、朝鮮朝廷はその人選には、至って慎重に選ばれたかを推量できる。公は学問に流麗であり書道にも達筆で、漢文の文章も極めて衆を抜き、また、万事にも、自から鄭重《ていちょう》な態度で臨み、容貌《ようぼう》も至極態然主穏であり、顔色と眉宇《びう》も清らかであり、高潔である」

これをもってしても、その人柄を知ることができよう。

私が拙著『韓国・堕落の2000年史』のなかで取りあげたように、李氏朝鮮は腐敗していたが、その歴史を通じて、高潔で、才気溢れる男女が存在した。それらの人々がおぞましい体制によって圧殺されてしまった。

日本への第二次修信使が帰朝すると、李朝は政府に重要案件を司る統理機務衙を新設したが、金弘集に担当させた。金弘集は対米条約を、推進した。

金弘集は翌年、「紳士遊覧団」を日本へ派遣した。紳士遊覧団は当時の李氏朝鮮の若いエリートから構成されていたが、四カ月にわたって東京、大阪をはじめとする各地を訪れ、省庁や、産業施設などを視察したうえで、高宗に復命した。

その後も、金弘集は中枢にあって、壬午軍乱の後始末や、清日両国との交渉役をつとめた。また、清を訪れて、李鴻章に高宗の親書を面呈している。「面呈」という言葉を用いるのは、朝鮮が清の属国であったために、高宗が李鴻章の下位にあったからである。金弘集は甲申政変の三カ月前に、礼曹判書に昇進していた。判書は大臣である。

後に朴殷植《パクウンシク》が壬午軍乱前後の人脈について、こう記している。朴殷植は李朝末期に大韓毎日申報、皇城新聞の主筆をつとめたが、日韓併合後の一九二五年に有志による亡命政権である上海臨時政府が結成された時に、首相兼大統領として選出された。翌年に、この臨時政府の大統領となっている。

「金玉均、朴泳孝、洪英植、徐光範等は少年党で、日本と親しい者たちであり、閔台鎬、趙寧夏、尹泰駿、金允植、魚允中等は老成派で、清と親しく、韓圭稷、李祖淵、金鶴両、趙定熙等は親露派であった」

ここでも、金弘集はただ一人だけ中道的な存在で、開化だけに力を傾注していたことが分かる。金弘集は外務督弁として、甲申政変後の日本との漢城条約の締結に当たった。翌年、結ばれた漢城条約は、甲申政変に当たって、四十数人の日本人が殺害されたのに対する慰謝料の支払いと、焼失した日本公使館の補償を定めたものだった。

金弘集は日本と漢城条約を結ぶと、辞職を願い出て、閑職である判中枢府使に転じた。判中枢府使は大臣級の待遇であるが、政府の諮問に応えるものだった。

金弘集はその三年後高宗二十四（一八八七）年に、再び左議政に任命されたが、再三辞職願いを提出した。ところが、高宗によって召し出され、次のような問答が行われたことが記録されている。

金弘集「臣は代々国禄を戴《いただ》いている家門であり、国家と苦楽を共にして参りました。臣をして失敗しないように、この地位から去れるように、お願い申し上げます」

高宗「卿が左議政として朝廷に留任することが民国（国民と国家）にとって、幸いなことである。再びこれ以上辞譲しないで、私の不足を輔弼《ほひつ》し、今の乱国を収拾することを期待する」

金弘集「今日、国土と民憂がまことに危急の時であります。人材を登用する時に、名実ともに相符しないと、国が病み、財物は冗費と濫費《らんぴ》を節制しなければ、恒に貧しくなります。ところが、この二件について、その淵源《えんげん》を研究しないで、単にその弊害だけを除くようにしようとしたら、その根本を除去できましょうか。

国王殿下が心機一転されれば可能であることを、どうして躊躇《ちゅうちょ》されるばかりなのでしょうか。臣はまことに庸劣で、殿下を正しく輔弼する立場にありませんから、殿下が天下の状況をよく推察されることを、念願いたします」

しかし、金弘集はその地位に留まったものの、閔妃とその族戚政権によって敵視というよりも、蔑視されていたから、いくら労を積んでも、高宗と閔妃たちの浪費、濫費を防ぐことはできなかった。良識によっては、骨の髄まで腐りきった李氏朝鮮を、とうてい改めることはできなかった。

甲申政変の後に、清の力が朝鮮において大きく増した。

袁世凱は駐劄《ちゆうさつ》朝鮮総理通商事宜という肩書のまま、漢城に居座って、内政の隅々までに干渉した。朝鮮総理は朝鮮総督に当たる。

そのもとで、袁世凱と結束した清の商人たちが、清軍の威を借りて、経済を牛耳るようになった。清の商人たちが、地元の商人だけではなく、庶民の生活を圧迫した。漢城ではしばしば民衆が恨みから、清人の商店や、住居を襲撃した。

そのために、袁世凱は清人たちを今日の明洞《ミヨンドン》の近くに集めて、住まわせた。ここは今日でも、ソウルの中国人街になっている。高宗や支配層は保身のために清に阿ねったが、一般の民衆は中国人を嫌った。今日でもそのような苦い記憶から、中国系韓国人は厳しい差別を蒙っている。

金玉均暗殺から四カ月、清日戦争はじまる！

それから、甲申政変の主役者たちは、どうなっただろうか？

金玉均、朴泳孝、徐光範たちは、日本に亡命すると、旧知の福沢諭吉のもとに身を寄せた。安全のために、金玉均が岩田周作、朴泳孝が山崎永春というように、日本名を名乗った。

高宗は何人もの刺客を放って、日本へ逃れた金玉均たちを追わせた。袁世凱も、刺客を日本へ潜入させて、金玉均に二万両の懸賞金をかけた。この懸賞金は、すぐに三万両に値上げされた。しかし、金玉均たちは日本人同志たちに援けられて、日本国内を転々と移動したので、兇刃を免かれた。

金玉均は高宗二十七（一八九〇）年に東京へ戻ったが、清国の李経方から清国を訪ねるように、招請状が送られてきた。金玉均は李経方が清の駐日公使であった時から、東京において親交を結んでいた。李経方は李鴻章の娘を妻としていた。

金玉均は清へ渡り、李経方の義父の李鴻章と会談すれば、新しい局面を開くことができると思って、大いに喜んだ。李鴻章こそ直隷総督北洋大臣として、朝鮮や、日本を担当していた清の実力者だった。北洋は清の末期に、皇帝に直接隷属していたために、直隷と呼ばれた河北のことであり、河北、山東、奉天の三省にわたる地域を指した。

金玉均は高宗三十一（一八九四）年三月に、日本汽船の西京丸で上海に到着した。

金玉均はアメリカ租界《そかい》にあった、日本人が経営する旅館に投宿した。ところが、この旅館の居室で、高宗が送った刺客の洪鍾宇《ホンジョンウ》によって襲われた。洪鍾宇は東京から、金玉均にともなってきていた。洪鍾宇が浴びせた拳銃弾が、致命傷となった。金玉均は四十三歳で没した。

これは高宗と李鴻章が、仕組んだものだった。

金玉均の遺体は清の軍艦威靖によって、朝鮮に届けられた。このころの中国の軍艦には、経遠、致遠のように「遠」がついた艦名や、揚威といったように「威」が用いられた。「遠」や、

「威」は中華帝国の「威」によって、「遠くまで」圧する、という意味である。

金玉均の遺体が到着すると、遺体を文字どおりに八つ裂きにする六支《ユクチ》の極刑が、加えられた。遺体まで侮辱するのは、中国文化のきわだった特徴の一つである。

そして金玉均の遺体は、「謀叛大逆不道罪人《モバンデヨクプドジェイン》」として、首をはじめとして、バラバラにされた肉塊が、漢城を振りだしにして、朝鮮八道を巡回して持ちまわられ、街路に曝された。惨鼻をきわめたといわねばならない。儒教では死んでも、体を傷つけてはならないのだ。

かつて中国の江沢民元主席が小泉首相が靖国神社に参詣することを、「絶対に許さない」と高言したが、それほどまでにこだわるのは、中国文化は死者まで辱しめねばならないからだ。敵の死体を八つ裂きにして曝すことが、権力者の権威を示すことになる。江主席も、永遠の中国人なのだ。

金玉均の妻の兪《ユ》氏は、奴婢《ヌビ》の身分に落とされて、売られた。奴婢は生命の保障もなく、いっさいの人権を奪われた奴隷であった。

甲申政変の時に、清国軍が介入したために形勢が逆転し、開化独立党の人々の家族は、全員が殺伐されるか、奴婢として売られた。

李鴻章は清朝の実力者として、朝鮮だけではなく、雲南、今日のベトナムであるアンナンの問題の処理にも当たった。大院君の拉致も、金玉均の暗殺も、李鴻章の指令によって行われた。

西洋近代文化の摂取につとめ、兵器廠《しょう》、紡績工場などを設立したが、豪商や、官吏と結託して、私腹をほしいままに肥やした。今日の中国の高官たちと、体質が変わっていない。

金玉均が暗殺された四カ月後の七月二十五日に、清日艦隊が豊島西南の沖合で砲火を交えて、清日戦争が始まった。日本は八月二日に、清に対して宣戦を布告した。両国の陸軍が朝鮮半島で衝突し、日本軍は戦うたびに、勝った。

九月には黄海海戦が戦われ、海上でも日本が圧勝した。日本の連合艦隊が北洋艦隊を撃破して、清の残存艦艇が威海衛《いかいえい》に遁走《とんそう》した。十月には日本軍が鴨緑江を渡って、満州へ進撃した。

日本の著名な小説家で、劇作家である菊池寛は『大衆明治史』（汎洋社、一九四一年）のなかで、当時、奉天に滞留して、清軍を目撃した西洋人のジャーナリストの記述を引用している。

「『これらの憐《あわ》れな兵隊たちが、近代式な日本軍の砲火に刈り倒される準備をしてゐるのは、見るに忍びざるものがあつた。短期の訓練が終ると、派手な実用的でない軍服、即ち胸と背とに大きな円い的のついた真紅の短衣を着て、欣々然《きんきんぜん》として定められた運命へと行進して行く。十人毎に赤い旗をひるがへした棒を担いで行く、近づきつゝある戦争についての一般の見解は、――日本が小癪《こしやく》にも反逆した。勿論《もちろん》支那はこれを鎮圧せねばならぬ、お安い御用だ――といふにあつた』と、組織なき、駆り出された支那軍の哀れな状態を描写してゐる」

「日本が小癪にも」というのは、今日でも中国の指導層がいだいている対日観である。

日本軍と陸海において戦った清軍は、国家の軍隊であったというよりも、李鴻章の私兵にすぎなかった。清の兵たちは日本軍と違って、愛国心も、そこから発する規律も欠けていた。そして李氏朝鮮は五世紀にわたって、進んで中国の属国となってきたために、汚臭を発する中国文化の甕に漬け込まれていた。

これは〝李氏朝鮮病〟、あるいは〝朝鮮病〟と呼んでもよいものである。五世紀のあいだに、心身をすっかり侵されてしまった宿痾《しゅくあ》である。

韓民族が中国的なるものから脱却しないかぎり、未来の明るい展望をひらくことができなかった。金玉均をはじめとする覚醒した青年たちは、日本に規範を求めて、闇から脱するべきだと信じた。

李氏朝鮮は自らを「小中華」と呼んで、小さな中国であることを、大いに誇った。しかし、もし、李氏朝鮮が〝小中華〟であるとすれば、中国は〝大型の李氏朝鮮〟であった。だから、清日戦争で日本に敵うはずがなかった。

清日戦争は腐敗しきった中国と、清廉な日本との二つのアジアの文化の間の衝突だった。日本と中国の文化は、対照的である。

清日戦争が始まった翌年の二月に、威海衛を根拠地としていた北洋艦隊が、降伏した。

北洋艦隊の司令長官に当たる北洋水師提督だった丁汝昌は、甲申政変の前に、四千人の清兵部隊を乗せた艦隊を率いて、朝鮮を訪れていた。丁汝昌は北洋艦隊が日本に降った時に、毒を飲んで自決した。

李鴻章は清日戦争が勃発した時は、七十一歳になっていた。しかし、清仏戦争と清日戦争に惨敗したために、清の朝廷における政治生命を絶たれた。清日戦争後に下関において催された講和会議において、清の全権をつとめた。

袁世凱はもう一人の〝闇の大官〟で、李鴻章の北洋軍閥の巨頭だったが、宗主国である清を代表する朝鮮総理通商交渉事宜として漢城に駐箚《ちゅうさつ》して、采配を振るい、守旧派の閔妃の後見役をつとめた。甲申政変の時には、漢城にあって自ら清兵の部隊を率いて、昌徳宮を包囲した。

袁世凱は清日戦争の三年後の一八九八年に、清の光緒帝を裏切って、清朝を洋夷から守るために決起した義和団を鎮圧したうえで、直隷総督兼北洋大臣となった。しかし、一九一一年に孫文による辛亥《しんがい》革命が起こると、総理大臣に任命された。

野心家の袁世凱は、孫文から革命を横取りした。清のラスト・エンペラー――最後の皇帝となった宣統帝を退位させて、中華民国の臨時大総統となった。そして孫文の国民党を弾圧して、一九一六年に自ら皇帝を称して即位したものの、急死した。

朝鮮全土を捲き込んだ民衆蜂起・東学党の乱

十九世紀から二十世紀にかけて、李氏朝鮮と中国が麻のように乱れていたことが、その後のアジアの進路に、大きな不幸をもたらした。これこそ、アジアの大きな禍いだった。もし、この二つの国が日本のように真っ当で、しっかりとしていたとすれば、その後、アジアが第二次世界大戦に捲き込まれて、大きな惨禍に見舞われることがなかったにちがいない。

国が経済的に完全に破綻していたのにもかかわらず、利己的な高宗と、朝鮮の〝ミニ西太后〟であった閔妃の濫費癖は、少しも改まらなかった。

全国にわたって農村の疲弊は、目を覆うものがあった。物価は高騰する一方だった。農民は餓えた。

今日の北朝鮮が、李朝末期に酷似している。いまだに韓国のほうも〝李氏朝鮮病〟にとりつかれているものの、北朝鮮は病状が重く、いまや臨終の状況に立ち至っている。私は日本がこの犯罪的な体制を、愚かにも支援しないかぎり、金体制は短期間のうちに命脈が尽きて、倒れることになると思う。

高宗三十一（一八九四）年二月に、全羅南道において、大規模な農村の暴動が始まった。東学党《トンハクタン》の乱である。

東学接主の全琫準《チョンボンジユン》によって指導されて、餓えた農民たちが郡守の官衙《かんが》である古阜郡衙を襲撃した。そして武器を奪い、税穀を貧民に分配した。接主は布教の責任者のことである。

東学教はキリスト教の西学に対抗する意味であるが、土着の民俗信仰と、キリスト教の教えを混ぜて、編みだした新興宗教であった。混乱期は救世を約束する、新しい宗教を産む土壌となる。

東学教は儒教と仏教と道教に天主（カトリック）教を合わせた教義で、簡単な呪文を唱えれば、病気が治り、幸せがえられるという教えから、数多くの農民が信仰するようになった。

もっとも教祖の崔済愚《チエチエウ》は、人心を惑わす邪説をひろめたとして捕らわれ、処刑された。それでも、第二代目の教主の崔時亨《チエシヒヨン》のもとで、教勢がいっそう強まった。高宗三十（一八九三）年には、二万人の教徒が漢城にのぼって、王宮の前で「貪官追放」と「斥倭洋」を求めて請願して、騒がした。この時、政府は兵を使って威嚇を加え、解散させた。

政府は高宗三十一年の民乱を調査するために、安覈《かぐ》使を現地へ派遣した。「覈」は厳しく調べる、という意味である。

ところが、責任を東学教徒だけに負わせて、多くの農民を逮捕して、処刑した。そのために乱が、全道に拡がった。東学教徒は「輔国安民」、「除暴救民」、「逐滅洋倭」の幟《のぼり》を掲げて、政府の地方軍を各所で撃破した。さらに多くの農民が参加することによって、勢力が増え、一万人以上となった。反乱は忠清道、慶尚道、京畿道、江原道、平安道にも、飛び火した。

高宗は驚愕《きようがく》して、漢城から海路で中央軍を送ったが、戦意が低かったので、途中で逃亡兵があいついだ。およそ半分が、脱走した。中央軍は長城の戦いで、東学農民軍に敗れた。五月には、全羅道の首都の全州城が陥落した。政府には、もはや打つ手がなかった。

高宗は兵曹判書の閔泳駿の意見に従って、清に援軍を送るように要請した。この時、金弘集は清から借兵することに、反対した。

清はただちに三千人の陸兵を派遣した。そうするとともに、甲申政変後に清日両軍が朝鮮から撤兵することを合意したうえで、高宗二十二（一八八五）年に日本と結んだ天津条約の規定に従って、朝鮮に派兵するむねを、日本に対して通告した。天津条約は両国のいずれかが朝鮮に派兵する場合に、通知しあうことを定めていた。

日本も、公使館と居留民を保護するということを名目にして、出兵した。

そうなると高宗の朝廷は両国が派兵したことによって、国土が清日軍の戦場となることに脅えて、東学党と妥協することに方針を変えた。

そして全琫準《チョンボンジュン》と交渉して、東学教徒が要求する改革を受け入れて、広範な改革を進めることを約束した。これらの要求には、横暴な両班の処罰、貪官たちによる不正腐敗の根絶から、債務の免除、土地の平均的な分作、賤民の解放と身分制度の打破、奴婢文書の焼却、寡婦の再婚禁止の撤廃までが、含まれていた。

高宗たちが恐れていたとおり、清日戦争が始まった。国防の気概をまったく欠き、武を軽んじて、他国に安全を委ねた国が、自ら招いた悲劇だった。

腐敗したために朽ちきった中華帝国と、新興日本の戦いは、李鴻章の北洋軍閥が商人と結託して朝鮮を完全な支配下に置こうとする一方で、朝鮮の混乱に乗じて、大帝国のロシアをはじめとする西洋の列強が、朝鮮を奪おうとして牙を磨いていたから、避けることができなかった。

私は夢を見続ける。もし金玉均の甲申政変が成功して、李氏朝鮮が自主の邦として、日本と同盟して、その時から朝日両国がしっかりと提携したとすれば、清日戦争、あるいはその後の露日戦争は、おそらく避けられなかったにしても、金玉均が願ったように韓国が「アジアのフランス」となって、「アジアのイギリス」である日本と腕を組んで、日本のような近代化を進めるとともに、その後ずっと独立を全うすることができた、と考えたい。それだけ金玉均の雄図が挫《くじ》けたことは、残念である。

歴史は過去から教訓を学ぶためにこそ、存在している。過去から学ぶことこそが、人を人としている。

ところが、高宗も、閔妃一族政権の顕官たちも、日本をみくびっていた。国王夫妻は、アジアの闇の勢力である清を、信じた。高宗も王の特権を奪う改革を嫌っていた。高宗と閔妃は結局は光に憧《あこが》れることができない、闇の人々だったのだ。

清日艦隊が豊島の沖合で交戦した二日前に、日本軍が漢城に入って、軍事力を背景にして、閔氏戚族政権を排除することをはかった。朝鮮をめぐって清日戦争が避けられなくなったからには、清に与する守旧派政権があってはならなかった。

日本は高宗を威嚇して、大院君を担ぎだして、政治を委ねさせるとともに、広範な内政改革を行うことを要求した。高宗が強者の要求にただちに従ったのは、いうまでもなかった。大院君が執政するもとで、金弘集が領議政となって、開化派による新政権が発足した。領議政は、首相である。

そして、この新政府の手によって、開国以来、政治、経済、社会にわたる最大の改革が断行された。ただちに高宗の名によって、大更張《デキョンジャン》が命令された。

これは日本が、要求したものだった。更張は改革のことである。

甲午更張《カプオキョンジャン》は、次の内容から成っていた。

清との条約をすべて廃棄して、朝鮮の自立独立を確定する。清の元号を使わない。李氏朝鮮は宗主国の元号を用いることを、強いられていた。高宗何年というのは、便宜上のものである。

全国八道を十三道とする。両班、平民、貴賤、門閥を問わずに、人材を登用する。

文尊武卑の差別廃止。公、私奴婢の文書を破棄して、人身売買を禁じる。

早婚を禁じ、男は二十歳、女十六歳に達してからの、結婚を許す。妻、妾に男子がいない場合だけに限って、養子を許す。罪が一族に及ぶ連座制を禁ずる。寡婦の再婚を許す。

司法官、警察官に限り、人身の拘束ができる。拷問と拷刑を禁ずる。阿片吸煙を禁じる。

科挙制度を廃止して、新しい官吏登用法を制定する。宮内部官吏の他の官職の兼務を禁ずる。

官吏で不正に他人の財を入手した者は、処罰し、その所有物を没収する。新しい貨幣制度を定める。税金は貨幣で納める。

度量衡を制定、統一する。

政治に対する建議を自由にする、というものだった。

このような改革を、李氏朝鮮の自らの意志で行うことができなかった。

しかし、このような改革を強いた日本は、悪だったのだろうか。日本が近代化に貢献したことは、否定できまい。

唯一、朝鮮近代化の可能性を示唆した甲午更張《カプオキョンジャン》だったが…

朝鮮半島では、清日戦争へ向けて、風雲が急を告げていた。

日本軍が高宗三十一（一八九四）年七月に、漢城に入って、王宮の景福宮を占領すると、閔妃によって蟄居を強いられていた大院君を担ぎだして、執政として政権の座につけた。

この時も、高宗の王命によって、大院君に一切の政治を委ねるという形がとられた。高宗はその時ごとにおける、強者の木偶《でく》となっていた。

日本は清と戦うことを決めていたから、清と結んでいた守旧派の閔氏戚族政権を、倒さなければならなかった。そこで、大院君を復権させることによって、親日政権をつくった。

大院君が執権者となったのは、これで三回目だったが、今回は日本の傀儡《かいらい》にならねばならなかった。

大院君は政権に返り咲くと、自分を陥れてきた閔氏一族に対して、報復を行った。閔応植、閔致憲をはじめとする閔派の中心人物が、遠隔地へ配流された。

閔妃は閔氏一族が失脚したために、手足をもぎとられて、王宮の中殿に蟄伏した。中殿は王妃の殿舎である。

大院君が執政となったもとで、開化党の金弘集が、内政、外交を合議して、その決定を執行する軍国機務処会議の総裁官に任命された。

この軍国機務処会議は大院君の権力を抑えるために、新設された機関だったが、開化党、あるいは開化党に同調する十七人の議員によって構成された。日本の大鳥圭介公使が、顧問となった。

軍国機務処会議が、すべて重要な決定を行った。このために、大院君は執政であるといっても、名ばかりの存在だった。

高宗国王はいつものように、自分の保身しか、関心がなかった。

高宗は日本軍が漢城に進駐した直後に、自分の国土において清日戦争が始まり、日本軍が緒戦において清軍を撃破すると、清日開戦の翌月の八月に、日本の圧力のもとに、日本との同盟条約である大日本大朝鮮両国盟約を結んで、日本軍の兵站《へいたん》に協力することを約束した。

清日両国が戦端を開くと、日本の世論は「隣国である朝鮮を助ける義戦」として、沸き立った。日本政府は世界へ向かって、清に対する戦争目的を、「朝鮮の独立と、朝鮮の内政改革をもたらすため」と説明した。

軍国機務処会議は、国家の近代化をはかるために、抜本的な改革をつぎつぎと打ち出した。

この大改革は、甲午更張と呼ばれたが、明治維新に匹敵する革命だった。

それまで李朝は、清の元号である「光緒」を用いていたが、はじめて自前の一世一元制による元号を定めることになった。独自の元号は「建陽《コンヤン》」に決定されたが、二年後の一月一日から施行された。

改革は、両班、中人、常民、奴婢の身分制度を撤廃するとか、科挙制度を廃止するとか、裁判制度の近代化、全国にわたって小学校を建てるとか、種痘《しゅとう》の義務化、陽暦の採用というように、広範囲にわたった。

なかには貨幣改革も含まれていたが、それまで李氏朝鮮では、貨幣経済が行われていなかった。

地方制度の改編は、画期的なものだった。都県制を廃止して、八道内の重要な都市を府として、全国に二十三府を設け、そのもとに郡と面（村）を置いた。そして、それまで地方官が司法権と軍事権を握って、その地域の独裁者となっていたのを、単なる行政官とした。

ところが、高宗は清日の開戦後、李鴻章に清軍の救援を求める密書を送っていた。清軍はまだ平壌を中心として、朝鮮半島北部を占領していたが、高宗は清軍の本営に密使を頻繁に派遣して、逐一、日本軍の動向を報告していた。閔妃も、「清軍の必勝を祈念している」という書状を、届けていた。

高宗も閔妃も、大院君も、日本軍が緒戦で一時的に勝利をおさめたとしても、清が勝つことを、疑っていなかった。清に対して抜きがたい畏怖《いふ》心をいだいていたから、日本が改革を求めて、しばし横暴に振る舞ったとしても、日本の戦場における優勢が長く続くはずがないと、信じていた。

李朝は日本を知らなかったから、みくびっていた。日本を光として、見ることができなかったのだ。それよりも、光を恐れていた。

李氏朝鮮の何世紀にもわたって、軛《くびき》となっていた華夷秩序からみれば、日本は野蛮な夷でしかなかった。だからこそ、清日戦争の戦況が日本に有利に運んでいるのは、不快きわまりないことだった。

金弘集は日本の意を受けて、内政の大改革である甲午更張を進めた。「更張」は、琴の糸を改めて張ることであって、これまで緩んでいたことがらを改めて、盛んにすることを意味している。

もし、甲午更張が忠実に行われていたとすれば、その後の韓民族の歴史の進路が、大きく変わっていたことだろう。李氏朝鮮は、倒れるのを待っている腐木に似ていた。しかし、甲午更張によって朝鮮を、日本のような近代国家として創造することができるはずだった。

歴史はこのために、まず金玉均に韓民族を救う機会を与えた。金玉均が甲申政変で失敗すると、金弘集を登場させた。

甲午更張こそ、韓民族が五世紀にわたって待っていた黎明《れいめい》だった。

甲午更張は、金玉均が甲申政変で掲げた改革や、東学教が中央政府に突きつけた改革案と、軌を一にしたものだった。

日本軍が九月に清軍を駆逐して、平壌を占領すると、清軍が慌てふためいて逃げたために、大院君や、国王や、閔妃が清軍へ密かに送った親書が、清軍の本営で発見された。三人は日本に協力するふりをしながら、それぞれの思惑から、清に内通していた。

高宗は十一月に日本の要請に従って、大院君の名において、金弘集を領議政（首相）とする革新内閣を発足させた。金弘集内閣には、甲申政変に加わって、日本からアメリカへ亡命していた朴泳孝と、徐光範の親日派二人も、入閣した。それまで議政府とよばれていたのを、内閣に変えた。軍国機務処会議は役目を終えたために、廃止された。

この年の十月に、東学農民軍が全琫準によって率いられて、「斥倭斥華」を旗印として全羅道全域にわたって蜂起《ほうき》した。農民軍は一万人を超え、一時は勢いをえて、反乱が全国にひろがった。

このために、日本軍と朝鮮軍が連合して、鎮圧へ向かった。日本と朝鮮の両軍の兵士が太極旗《テグクキ》と日の丸を掲げて、戦闘の合い間に休憩している写真がのこっている。太極旗は、今日の韓国の国旗である。

十二月には公州の戦闘で東学農民軍が敗れ、全琫準が逮捕されたことによって、東学党の反乱も終息した。

高宗王は高宗三十二（一八九五）年一月七日に、大院君、王世子、文武百官を率いて、大廟《デミョ》を参拝し、祖宗の霊前に跪《ひざまず》いて、大更張――根本的な大改革を行うことを、誓約した。そして、そのうえで洪範十四条《ホンボンシプサジョ》を宣布した。

洪範十四条は、甲午更張の骨子となる基本綱領を、明らかにしたものだった。この洪範十四条《ホンボンシプサジョ》は、今日、反日学者によっても、「朝鮮最初の憲法」として評価されている。

大改革を呼号するも、〝抵抗勢力〟は自らの体質の中に

洪範十四条は、次の項目から成り立っていた。

一　清国に依存することを禁じ、自主独立の基礎を確立する。

二　王室の規範を制定し、王位継承は王族に限り、王族と親戚との区別を明確にする。

三　王は各大臣と協議して政事を行い、宗室（母または妻の実家）、外戚の内政干渉を許容してはならない。

四　王室の事務と国政の事務を分離して、互いに混沌《こんとん》されてはならない。

五　議政府及び各（官庁）衙門《アムン》の職務、権限を明確に規定する。

六　納税は法によって規定し、みだりに税金を徴収してはならない。

七　租税の徴収と経費の支出は、すべて度支衙門の管轄に属する。

八　王室の経費は率先して節約することによって、各衙門と地方官の模範となるようにする。

九　王室と官府の一年間の費用を予定し、財政の基礎を確立する。

十　地方官制を改正し、地方官吏の権限を制限する。

十一　優秀な青年たちを海外へ派遣し、外国の学術、技芸を導入する。

十二　将校を教育し、徴兵を実施して、軍制の基礎を確立する。

十三　民法、刑法を制定して、人民の生命と財産を保護する。
十四　門閥を問わないで、広く人材を登庸する。

大廟は宗廟《ジョンミョ》ともいったが、歴代の王や、王妃を祭っていた。今日でも、ソウルの鍾路四街《チョンノサガ》の北に宗廟公園があって、その中央に廟が位置している。

ふだん多くの市民が休憩したり、散策している。だが、宗廟を参拝する人を見たことがない。しかし、私は百七年前に、高宗王がきらびやかに盛装した数百人の文武諸官を従えて大廟に詣《もう》でた、絵巻物のような光景が、脳裏に浮かぶ。高宗が洪範十四条を読み上げる声が、響いてくるような気がする。石や、木は、あの時の情景を憶えているだろうか。

「洪範」は中国の『書経周書』の編名であって、紀元前七世紀までの政経を施したさまを記述した、儒家の政治道徳の基本をまとめた政治哲学の書であるが、ここでは規範となる大法を意味している。

洪範十四条が憲法だとすれば、日本が起草して与えたものだったから、太平洋戦争後にアメリカが日本に強要した、〝マッカーサー憲法〟と似ていよう。

日本は大院君が清へ宛てた親書を、つきつけた。大院君は高宗によって、執政を免じられた。大院君の第三回の執権は、四カ月しか続かなかった。大院君は親日政権をつくるために担ぎだしたのだったが、もはや必要がなかった。

甲午更張は、それまで李氏朝鮮が清と結んだ条約をすべて破棄した。清との宗属関係を廃することによって、朝鮮が自主独立した国家であることを打ち出した。

そして、政治、経済、社会のすべての領域にわたって、大胆な改革を断行して、朝鮮が日本と同等な文明国となることを、目指していた。

中華秩序のなかで属国の国王は、世襲制の地方長官にすぎなかったから、高宗はそれまでは「殿下《ジョンハ》」の敬称で呼ばれていた。しかし、中国との宗属関係を絶ったことから、高宗は王妃とともに、「陛下《ベハ》」の尊称が用いられるようになった。王世子も、「王太子《ワンテジャ》」に格上げされた。このようなことは、清を宗主国として戴いている時には、許されないことだった。

だが、高宗は大廟の前で更張を誓ったものの、心中はどうだっただろうか。李朝は創建されて以降、中国を上国《サンクク》――宗主国として仰いで、慕華思想に徹し、中国にひたすら依存してきたのだった。

これは、李朝の抜き難い体質となっていた。

そこで、高宗は倭夷《ウェイ》によって強制されて、やむをえず親日開化を行わねばならなくなったことを深く恨み、祖霊に詫《わ》びたのではなかろうか。

それに、高宗と閔妃は、開国を強いられて以来、開化が国王の絶対的な権力を弱めることになるのを知っていた。

だから、本能的に開化と、近代化を嫌っていた。高宗十三（一八七六）年に、外国のなかで日本に対して最初に開国した、江華島条約として知られる韓日修好条規を結んだうえで、開化政策をとったのも、大院君が頑固な鎖国政策をとっていたことから、大院君の力を削ぐために、権力争いの方策として行ったことだった。

李朝では、歴代の国王は、国家を私物化してきた。李朝では国庫は、王室の内帑《ないど》金と同じことであった。李氏朝鮮では五世紀にわたって、すべての道と権力が、漢城の王宮へ通じていた。中央で任命された官僚が、短期間で交替して、地方長官となった。日本のように三百以上の、小さな独立国ともいえる藩に、分かれていたわけではなかった。

李氏朝鮮では、国家予算もなく、官僚《ピョスル》たちが百姓を中心とする民衆から、最大限に徴収——搾取した金銭、あるいは米穀類を、自分の櫃《ひつ》か、倉庫に蓄え込んで、中央へは三分の一程度しか納めなかった。

しかし、大院君や、高宗や閔妃たちは、官僚を売官売職によって任命したから、大金を横領していることを知っていても、追及することができなかった。

中央では、大院君や、高宗や閔妃たちは、民衆が飢えて苦しむのをよそに、毎日、宴を催しては、遊興に耽って、浪費を重ねていた。もっとも、李氏朝鮮が上国として仰いでいた中国も、まったく同じことであった。

そういえば、世界の為政者のなかで、日本の支配階級であった武士だけが粗食であって、質素を旨としていたのは、不思議なことである。このようなストイシズムが、明治以後、日本をたちまちのうちに世界の一流国としたのだった。

洪範十四条のなかには、国王の親政を廃して、王権を制限し、王妃と王族の政治への関与を禁じたうえで、王室を国家の経費を分離して、国庫と王室費である内帑金を切り離すことが含まれていた。これは高宗や閔妃にとっては、国庫を私物化することができなくなることを意味した。

大更張のもとで、国王も法に従わねばならないことになった。近代国家においては当然のことだったものの、これは祖法を歪めるものであって、耐え難いことであったにちがいない。

そのかたわらで、甲午更張は全国にわたって、両班から強い抵抗にあった。

とくに両班たちは、なかでも断髪令が生活規範として尊んできた儒教の教えに背くものとして、いっせいに反撥した。

両班たちは長髪を束ねて、髷《まげ》にして結っていたが、これは「身体髪膚これを父母に受く。あえて毀傷《きしょう》せざるは孝の始まりなり」という孔子の教えによるもので、身体を傷つけることはもちろん、髪を切ることも、不孝とされていた。

高宗は手本を示すために、断髪して洋服を着るように、はじめは何回も要請されても、頑として聞き入れなかったが、ついに断髪を実践した。

そのかたわら、官僚が鋏《はさみ》を手にして往来に出て、通行人の髪を切ることが行われた。このために、儒生たちの反感を、いっそう煽った。

もちろん、この儒教の身体を傷つけてはならないという教えは、両班だけに適用されたものだった。したがって、日韓併合の時まで、李氏朝鮮では、中国と同じように、宮廷に宦官が存在したが、気の毒な宦官たちは、親から受けた髪でさえ切ってはならないという、儒教の教えの恩恵にあずかることはなかった。宦官は貧しい両班の子弟も、なったものだった。

韓国語で「断髪《タンモリ》」と「断頭《タンモリ》」が、同じ発音であることも、断髪を恐れさせた。

両班から、賤民まで、階級にかかわらず、全国民が髪を切ってはならなかった。ただ階級によって、異なった髪型をしなければならなかった。

儒生である両班の多くの者が、断髪から逃れるために、都会の自宅を離れて、辺鄙な地方へ逃げ込んで、山中や、谷間に小屋を建てて、隠れて暮らした。

当時の代表的な儒学者だった崔益鉉が、「私の髪を切るのだったら、まず首を斬《き》れ」といったことが、全国にひろく伝えられた。なかには、髪を切ったことを恥じて、自殺した者もあった。

日本と韓国の儒教がまったく異なっていることが、金弘集による近代化を試みる改革を、きわめて困難というか、不可能に近いものとした。

もちろん、中国と韓国の儒教こそ、本場の本物であって、日本の儒教は日本化された結果、まったく異質な教えとなってしまった。日本人の知恵が働いたのだ。日本の儒教はいい加減な、擬《まが》い物でしかない。

外へ向かう「忠」の日本、内へ向かう「孝」の朝鮮

中国と韓国の儒教は、「孝《ヒョ》」がもっとも至高な価値となっているのに、日本は「忠《チュン》」を「孝」のうえに、置いてしまった。中国や、韓国では祖先崇拝こそ、最高の美徳であった。中国や、韓国では、自分の親や祖先を誰よりも尊び、血縁集団の利益を、何ごとよりも優先するために、社会からまとまりがなくなってしまった。

日本は儒教を輸入すると、「忠」を至上の美徳とすることによって、「孝」を何よりも優先する儒教のおぞましい毒を、中和してしまった。忠こそ、日本の和の精神をつくりだした。日本にこの摩訶《まか》不思議な和と、忠をもたらした力は、いったい何だったのだろうか?

それは、天皇の神威である。あるいは、日本の国民が天皇が日本の精神的な統治者であって、神性を備えていると、信じたからだった。

天皇こそ、日本を日本たらしめてきた。もし、このような神性を帯びた天皇が存在しなかっ

たとしたら、日本も朝鮮や、中国と変わらない社会となっていたことだろう。

ハーマン・カーンをはじめとする、西洋の著名な学者が、日本を、中国や韓国と同じ「儒教文化圏」に含めるという、間違いを犯しているが、とんでもないことである。日本は儒教の国ではなく、山本七平による造語を借りれば、まったく独特な〝日本教〟の国なのだ。日本は精神構造からいって、中国や、韓国よりも、ヨーロッパが日本から地理的に大きく離れていても、公益を尊ぶ、アングロサクソン諸民族に近いといえる。

両班たちの多くは、金弘集が日本の手によって、総理となり、日本の使嗾《しそう》によって甲午更張や、断髪令が行われたとみて、対日感情が悪化した。

とくに、断髪令は天を仰いで恥ずべき、祖先侮辱《ジョソンモヨク》に当たるものだった。金弘集内閣は何よりも、断髪令によって躓《つまず》いた、といってもよかった。

韓国では、今日でも儒教の朱子学の信奉者が多い。儒教はいまだに大きな力を持っている。そこで、もし、儒教の悪い点を指摘したとすれば、変人扱いにされる。ましてや、百年も前には、大多数の両班が儒教を無批判に信じていた。

「忠」を至上の価値とする日本型の儒教は、力が外へ向かって働いた。それに対して、「孝」を美徳とする、中国、朝鮮の正統な儒教は、一族を中心に据えたから、力が内へ向いた。したがって、日本のような大胆な改革が、行えなかったのだ。

高宗三十二（一八九五）年三月に、清日講和談判が日本の下関において催された。講和条約は、清国が朝鮮を完全な独立国として認めること、日本に遼東《りょうとう》半島、台湾、澎湖《ほうこ》島を割譲することなどを、骨子としていた。

台湾の住民は、何と幸運だったことだろうか！　もし、台湾があの時に日本の領土となっていなかったとすれば、今日、海南島と、経済、社会発展の度合いが、まったく変わらなかったことだろう。

海南島はほぼ面積が台湾と均しいが、今日でも経済、社会開発が大きく遅れている。台湾は下関条約によって、中国という闇の世界から、日本という光の世界へ移ることができたのだった。

台湾の人々にとって、日本はよい手本となった。今日の台湾の目覚ましい発展ぶりは、金玉均と金弘集が日本に範を求めたのが、誤っていなかったことを証している。

清日講和条約が結ばれた翌月に、高宗と閔妃もまったく予想しなかったことが起こった。ロシア、ドイツ、フランスの三カ国が、日本に対して日本が遼東半島を所有することは、アジアの平和を危うくするので、放棄するように要求した。これは、ロシアがドイツとフランスに呼びかけて、行ったものだった。有名な三国干渉である。

三カ国の要求は勧告という形をとっていたが、そのなかに「日本が遼東半島を領有すると、朝鮮の独立を危うくする」という一項があった。

日本は清との戦争で消耗していたので、三つの列強と戦うことは、とうていできなかった。そこで要求に屈辱を忍んで、屈せざるをえなかった。

狂喜したのが高宗と閔妃だった。とく三カ国の日本に対する勧告が、「朝鮮の独立」に触れていたのは、心強く思えた。

二人は大国であるロシアが大きな力をみせつけたかたわら、日本が膝《ひざ》を屈したのを目の前に見て、頭上を覆っていた暗雲が去って、空が晴れたように思った。高宗と閔妃は、ロシアに接近することに決した。

ロシアも、高宗の宮廷に手を差し伸べた。ロシア皇帝のニコライ二世は、アジアに進出することを決定して、満州についで、朝鮮半島を支配下に置くことを狙っていた。

ニコライ二世は革命前の足音がたかまりつつあるのに、怯えていた。そこで国民の眼をそらせるためにも、対外的に大きな成果をあげることが必要だった。国民は新たな征服や、帝国の版図が膨張すれば、喜んだ。当時は、白人の帝国主義の全盛期であった。

三国干渉に日本が屈したことは、日本の朝鮮における威信を、大きく損ねた。

この三カ国に加えて、アメリカや、イギリスまでが、日本が朝鮮において利権を独占していることに対して、結束して抗議した。その結果、全国にわたって、アメリカが鉄道敷設権と金鉱採掘権、ロシアが、森林伐採権と鉱山採掘権、フランスが鉄道敷設権、ドイツが金鉱採掘権を獲得するなど、諸国がつぎつぎに利権を手に入れていった。

五月に、金弘集内閣が倒れた。総理大臣署理として、ナンバー・ツウであった朴泳孝が、自分がとって代わって首相になろうとしたことが、原因となった。署理は代理である。しかし、朴定陽《パクチョンヤン》が新しい首相となった。

高宗は七月に、朴泳孝、徐光範、金嘉鎮などの親日派を政府から追放して、李完用《イワニヨン》、李允用《イユンヨン》、李範晋《イボムジン》などの親米派や、親露派を入閣させた。

歴史は、頻繁に主役を交替させる。

ここで、李完用を登場させねばならない。

李完用は朴定陽内閣に入閣した時に、三十八歳だった。

このころでは、李完用はまだ親米派であったが、漢城においてロシアが勢力を増すと、しだいにロシアに接近して、親露派になっていった。

李完用は韓米修好通商条約が結ばれた高宗十九（一八八二）年に、科挙の文科に二十四歳で合格した。青年時代に育英公院で、英語を学んでいた。李氏朝鮮では技術を蔑視したことから、中人が通訳官になったものだった。しかし、このころには、中人だけでなく、両班も外国語を修めるようになっていた。

育英公院は韓米修好条約が結ばれた後に、英語教育のために設立された、最初の王立学校だった。両班の子弟の学生たちは、駕籠《カマ》に乗って通学したが、そのあとを下僕が本の入った鞄と、煙草とキセルをもって、徒歩で従った。

そして、李完用は駐米公使館の参賛官（参事官）と、駐米代理公使をつとめたうえで、高宗二十三（一八八六）年に帰国して、外務次官に当たる外務協弁に任命された。

といって、名門の出身ではなかったが、判中枢府事――閑職。無任所大臣待遇で、国王の諮問に応じた――をつとめた父の李鎬俊《イホジュン》が、大院君と親交があったのに加えて、母親が閔氏で、閔妃に近い親戚関係にあった。そして、趙大妃とも、姻戚関係にあった。

李完用は英語に通じていたことと、ワシントンに在勤したことから、親米派であった。

アメリカ、ロシア、イギリスの公使館が、外国の商館とともに、漢城の貞洞《ジョンドン》街にあったために、親米、親露派などもひとくくりにして、〝貞洞派《ジョンドンパ》〟と呼ばれた。貞洞派は親中派である事大派《サデパ》や、親日派《チンイルパ》と対立していた。

歴史の舞台は、閔妃暗殺の乙未《ウルミ》事変へ向かって、きしみながら動いていった。

第四章

露日戦争と李朝終焉

――ついに実現した日韓併合

拉致問題で鮮明になった韓日の為政者の違い

韓国は多くの局面において、韓国民の目の前に李氏朝鮮と変わっていない恐ろしい姿を、曝《さら》けだしている。

日韓併合時代が終わってから、そのあいだは正されていた、李朝時代のおぞましい悪習が舞い戻ってきて、跋扈《ばっこ》するようになった。

権力機構の腐敗した体質は上から下まで、いっこうに改まろうとしない。金大中《キムデジュン》元大統領の二人の息子が父親の権威を悪用して、不正資金を集めたために逮捕され、そのうちの一人がすでに有罪判決を受けている。

前任者の金泳三《キムヨンサム》元大統領の次男も、同じように不正行為を働いたことから、鉄格子のなかで過ごした。

小泉首相が二〇〇二年九月にピョンヤンを訪れ、金正日総書記から日本国民を拉致したことに対して謝罪を引き出したうえで、日本政府が拉致問題について全力を注いでいることが報じられて、韓国民に強い衝撃を与えている。韓国政府はこれまで数十万人にのぼる韓国民が、北朝鮮によって拉致されてきたというのに、犠牲者や、その家族に対して、まったく冷淡な態度をとり続けてきたのだった。

日本政府が拉致被害者について、直ちに首相に直属する担当官を任命し、支援する法律の立法にかかるなど、迅速に対応していることが、韓国民を驚嘆させている。このことは韓国が独立した後に、日本へはじめて敬意をいだかせた。対日感情が大きく好転した。

韓国では朝鮮戦争中に、北朝鮮によって二十万人以上が連れ去られたと推定されるうえに、その後、数千人が拉致されている。

ところが、韓国政府は拉致被害者や、その家族を支援しようとしないだけでなく、拉致被害者を対北協力者として見立てるかたわら、その家族を幇助《ほうじょ》者として疑ってきた。そのために、家族たちは随時、公安機関に出頭する命令を受け、脅迫にさらされ、働くことについても、子供の教育にあたっても、大きな障害を蒙ってきた。このような迫害は拉致被害者の家族の親族にまで、及んできた。今日でも、北から必死の思いで脱出してきた拉致被害者や、その親族は監視や、嫌がらせの対象となっている。

これは李朝時代の悪法中の悪法であった連座法《ヨンザボプ》が、いまだに慣行として生きていることを表している。連座法は縁座法《ヨンザボプ》とも呼ばれるが、王に対する批判、反逆、国外への脱出を図った者の親族に適用されたが、その罪科によって三親等から八親等までが、根絶やしにされた。

連座法によって罰せられた多くの人々が理由もよく分からないままに、残酷な刑に処せられた。そこで一家系の族長が、万一、連座法の犠牲になって、刑罰が自分たちの身に及ばないように、親族の思想や、行動を監督するかたわら、互いに監視し合った。これは専制体制を守る手段として、きわめて有効であった。

今日でも、北朝鮮では連座法が施行されている。

連座法は日韓併合とともに、廃止された。もし、厳しい連座法が存続していたら、三・一独立運動が全国に拡大することはなかったとみられる。韓国が独立した後に、朴正熙《パクチョンヒ》政権のもとでこの前近代的な法律が復活した。しかし、一九八〇年に全斗煥《チョンドファン》政権のもとで、再び廃止された。

それにしても、日本は拉致被害者とその家族を、国をあげて何と暖かく処遇していることだろうか。日本政府による今回の拉致問題に対する対応は、多くの韓国民に羨望《せんぼう》の念をいだかせている。

日本と韓国のあいだで、同じ国民である拉致被害者と、その家族に対する扱いの違いが、どこから発しているのだろうか？

日本では徳川時代を通じて、為政者が民百姓の生命と財産を守り、民衆が安定した生活を営むように力を尽くすのが、つとめとされた。ところが、李氏朝鮮においては、為政者が民百姓を奴隷化して、生殺与奪をほしいままにして、懐ろを肥やすのが、常態であった。日本と朝鮮では人のありかたが、まったく違っていたのだ。

李氏朝鮮は五百十八年間にわたって、人口がほぼ倍にしか増えなかった。李朝が創建された一三九二年には、人口が五百五十万人だったと推定されているが、五百十八年後の日韓併合の時でも、千三百万人でしかなかった。その三十五年後に、日本統治時代が終わった一九四五年には、二千八百万人まで二・一五倍も増加した。

人口学では、どのような災害に見舞われようが、中世が終わるまでは五世紀もあれば、人口が三倍以上に増えるのが常識である。これは李朝による支配が、いかに苛酷なものであったのかを物語っている。

このような残酷な社会が、人々の性格を大きく歪めてしまった。

一六五三年に船が済州島の沖合で難破したために、朝鮮に十三年にわたって囚われたオランダ人のヘンドリック・ハメルは『朝鮮幽囚記』のなかで、朝鮮社会を次のように描写している。

「彼ら（朝鮮人）は盗んだり、嘘《うそ》をつき、騙す傾向が強いから、彼らを信用してはならない。他人に損害を与えることを手柄と考え、恥とみなさない。（略）

しかし、タタルタル（清国）人がこの国の主人公となるまでは、物心ともにきわめて豊かな国であった。人々はあらゆる楽しみを享受していた」

ハメルは国民の半分以上が奴隷であり、王に反抗した者は、一族全員が根絶されたと、記録している。

李氏朝鮮を訪れた西洋人は、全員が当時の朝鮮社会について、同じように描いている。これは同時代の日本を訪れた西洋人による見聞記と、まったく対照的なのだ。私は韓国人の一人として、これが隣り合っていた国なのかと、訝《いぶか》るほどの違いがあるのが、情けない。

しかし、ハメルもその著書のなかで述べているように、韓民族は李朝時代以前までは、けっしてそのように卑しい民族ではなかった。誠、心、仁、義、礼の精神が、庶民のあいだにいたるまで、溢れていた。

高麗の文章家だった李奎報《イギュボ》（白雲山人、一一六八―一二四一年）の文集に、次のような話がでてくる。

十九代明宗の時代に、盧克清という清廉で、潔白な官吏がいた。貧しかったが、以前、銀九斤で購入した家屋を、元金と同じ銀九斤で売る計画をしていた。

外出中に、盧克清の妻が当時の高麗の将軍であった玄徳秀に、銀十二斤をもらって、売却してしまった。

帰宅して、この事実を知ると、元金の九斤を残して、三斤を玄徳秀将軍に返還することにした。そして玄徳秀を訪ねて陳謝したうえで、銀九斤で買った後に、使いっぱなしで、修理もできなかったといって、三斤を受け取るように懇願した。

玄徳秀はいったん銀十二斤で買ったからには、その金を納めるわけにはゆかないといって、断った。結局、二人は仏恩に感謝することで合意して、三斤を寺に寄付した。

もう一つ、高麗時代の挿話を、紹介したい。

高麗末期の官僚であった鄭道伝《チョンドジョン》（三峰、一三四二〜一三九八年）は、奸臣《かんしん》であった李仁任（?〜一三八八年）と意見が対立して、一三七五年に流刑に処されて、金津県麗州居平《イジュコピョン》に流された。鄭道伝は流された地で日記（三峰集『消災洞記』）をつけて、奥地の農民たちの生活の実相を描写している。

「黄延は純情で、まったく飾り気がなく、力をつくして農業に従事して、家庭ではよく酒をつくって、飲んで楽しんだ。いつも酒が熟すると、私や、客をもてなした。

金成吉は書を良くし、その弟の天（注・名前）とともに、知的な対話ができた。この兄弟は家族と同居して生活をしていたが、酒をよくたしなんだ。

徐安吉は年老いてから僧になり、安心と号した。鼻が高く、顔長で、いつもおかしな服装をしていたが、方言や、俚話《りわ》など、村の細かい事情に通じていた。

金千富と曹松は、金成吉や黄延とともに、酒を汲《く》みながら、愉快な時を過ごす間柄だった。私と毎日のように、散策することを楽しんだ。

土産品を貰ったらかならず、私のもとに酒と味噌《みそ》を持ってきて、喜ばしい時を送ってから、帰っていった」

高麗は仏教を国教としていたが、李成桂がクーデターによって王座を簒奪して、李朝を創建すると、進んで中国の属国となるとともに、仏教を敵視して、徹底的に弾圧して、儒教によって代えた。李氏朝鮮は慕華思想に憑《つ》かれたために、中国文化の毒に、すっかり染まってしまった。

それ以来、高麗民族は李氏朝鮮と名を変えて、競争相手であった中国の属国になり下がった。国王を中心として、一握りの支配階級だけが繁栄し、民衆は奴隷化されて自尊心を失ったから、卑屈になって、利己主義によることが、生きる方便となった。

今の北朝鮮は李朝の生き写し

今日の北朝鮮は、まさに李氏朝鮮が甦《よみがえ》ったものだ。李氏朝鮮の亡霊がさ迷いでたようで、無気味である。

一九一〇年の日韓併合後の朝鮮は、李朝時代とは比べられないほど階級差もなく、民生も安定して、人々は祝日になると、ちょうど高麗時代のように酒を汲みかわして、楽しんだ。李朝時代のように、人々が餓死、飢餓に見舞われることもみられなかった。

日韓併合時代には、朝鮮北部のほうが工業化されていたために、朝鮮南部よりも二倍以上の潤沢な生活を営んでいた。今日の北朝鮮は圧制のもとで、極貧と飢餓状態に陥って、李朝時代に逆戻りしている。世界のなかで唯一つ徹底した鎖国を行い、自国民を虐殺し、他国民を拉致している。自国民を拉致して、殺すことを恥じないから、他国民に対しても、同じことを行うのだ。

ところが、韓民族はもともとこのように歪んだ人格を、持っていなかった。韓民族は古代から中国人によってさえ、紳士の国として尊敬されていた。この事実は、中国の多くの古典のなかに、記録されている。

中国の古代の地理書である『山海経《せんがいきょう》』は、韓人を評して、「君子国在其北（君子の国が北にあり）」、「其人好譲不争（その人たちは譲歩する事を好み、争うようなことはしない）」と称《たた》えている。

あるいは、中国の東晋の詩人であり、学者であった郭璞《かくはく》（二七六―三二四年）は、「東方気仁義国有」「礼譲礼委論理」と激讃している。このように、当時の中国の韓族に対する評価は高いものであり、韓族が自分たちよりも道徳の面で優れていることを、認めていた。

東方朔は前漢の武帝の側近だったが、韓族について「東方に君子があり、男は皆衣冠束帯しており、女子は皆色のある衣服を着て、常に恭順のまま坐っていて、お互いに規則を犯す事なく、各人共に尊敬し合い、他人が病いになやめば、死力をつくしてその人を救う。この様な人柄は、馬鹿のようにも見えるが、彼らは最も善人である」と述べている。

『三国志』も韓族について「その人たちは性質が至誠であり、欲張らないうえに、廉恥がある」と讃えている。

後漢の事跡を記した史書の『後漢書《ごかんじょ》』の『東夷伝《とういでん》』には、「韓人たちは体は大きく強いばかりでなく、勇敢でありながら、謹厳であり、盗む事なく、通行する人は夜・昼もない程であり、歌声は絶える事なく明朗である」と讃え、「人間の性質が正直で、勇気がある」といって、「夷」の字を使わずに、代わりに「従大従弓」（大きな弓をもって歩く人々）と呼んでいる。

ところが、李氏朝鮮は中国の呪いが五百年以上におよんだために、人々の精神から、社会までが腐りきってしまった。

もっとも、私は同じようなことが、第二次大戦後の日本をも見舞っているのではないか、憂慮している。日本人は気高く、公徳心に溢れて、強い愛国心をいだいていた。

ところが、戦後、アメリカの属国の地位に甘んじるうちに、日本国民が慕華思想に似た慕米思想に憑《つ》かれるようになったために、毎年、日本人らしさが失われている。独立心を失った国民は、堕落する。

日本はかつて明治以後、アジアの光であったのに、すっかり曇るようになった。国家の消長は結局のところ、国民精神によるものである。

話を、十九世紀末の漢城に戻そう。

閔妃派は三国干渉によって、日本の力が弱まると、強国とみたロシアを後ろ盾として、ウェーベル・ロシア公使と親密な関係を深めて、咸鏡道の港を貸与する密約を結んだ。これは宗主国を清からロシアに代えようと試みたものだったが、ロシアに国を売ることによって、国王の専制的な権力を守ろうとしたのだった。

このあいだ、日本の三浦梧楼《ごろう》公使は無視された。日本は金弘集内閣とともに、李氏朝鮮を近代国家につくり変える改革を進めようとしていた。高宗と閔妃は、何とかして改革を阻止しようとした。

高宗はそのかたわら、国にも、民族にも、時局にも、関心がなかったから、いつものように遊楽に耽っていた。このころ高宗は女官である厳尚宮を、溺愛《できあい》していた。

日本政府は高宗と閔妃がロシアに接近し、ロシアによって取り込まれてゆくような事態を、とうてい傍観していられなかった。そこで、再び大院君を使って、閔妃派を抑えることを図った。

大院君も閔妃に対して憤っていたから、三浦公使と大院君が提携するようになった。大院君と閔妃の間柄は、怨恨二十年に及んでいた。

高宗三十二（一八九五）年十月七日に、開化改革派の軍隊であった訓練隊に対して、解散命令が発せられた。このために、事態が急迫した。訓練隊は政府軍のなかに新設された連隊で、日本の将校たちによって、訓練されていた。

翌八日の早暁に、解散させられた訓練隊と将兵と、日本人の浪人が、王宮である景福宮に押し入った。閔妃は、国庫を湯水のように浪費し、政治を混乱させた国賊であった。そして、閔妃を玉壺楼で殺害したうえで、その死体を裏山の松林の中で焼いた。

乙未事変である。大院君は自ら輿にのって、王宮に侵入して、襲撃に加わった。知識層の間では王宮に巣くう妖婦であった閔妃が殺されたことに、歓声が上がった。閔妃は朝鮮の〝ミニ西太后〟だった。

しかし、とくに断髪令と陽暦の使用に反発していた儒者たちは、この改革が日本によるものとみなしていたから、日本が主導したか、手を貸して、閔妃を殺害したことに憤激した。頑迷な儒者たちは、かねてから改革派を親日派《チニルパ》として罵倒《ばとう》していた。

儒教を信望する両班たちにとって、驚天動地《キョンチョンドンチ》の事態が起こっていた。王命によって、長い歴史を持つ髷《まげ》を切り捨てて、官吏が韓服にかわって洋服を着なければならないという、衣冠制度を変える措置が発令された。もっとも髷は不衛生で、異臭を発していた。そのうえ、まるで雪上加霜のように、中国の暦に代えて陽暦を使用することが命じられ、種痘法が施行され、郵便制度なども、改められた。

これは、頭の天辺から爪先まで、形式的にも、精神的にも、それまでの生きかたを百八十度変えることを命じたものだった。儒者たちにとっては、天変地異のようなものだった。

四十五歳の高宗は王宮内で閔妃が、実父の大院君と日本の浪人たちによって殺されたために、いいえぬ恐怖に襲われた。

自分自身、いつ何時、父によって殺されるかもしれない、という猜疑心に駆られた。とにかく王は妻の閔妃とともに、二十年以上にわたって、父をいじめ抜いてきたのだった。

高宗は政権を父に委ねたものの、毒殺を恐れて、宮廷内で調理された食事をとることを拒んで、毎日ロシア公使館とアメリカ公使館から飲食物を「鍵《かぎ》を締めた箱のなか」に収めて、取り寄せて、摂取した。このような状況が、四カ月も続いた。

高宗の愛妾の厳尚宮が、男の子を生んだ。垠《ウン》と名づけられたが、李垠は日韓併合後に日本の王族として遇され、梨本宮方子《まさこ》女親王と結婚した。

ロシア公使館に逃げ込み、執務する高宗

十一月二十八日に、春生門《チュンセンムン》事件が発生した。これは、大院君の勢力下にあった景福宮に、監禁状態になっていた高宗を、王の側近とキリスト教宣教師たちが謀って、春生門を通して脱出させる企てであった。しかし、実現しなかった。春生門は、王宮の東門だった。

俄館播遷《アグアンポンチョン》は、李範晋、李完用、李容翊、朴定陽などの親露派が、ロシアのウェーベル公使と共謀したものだった。「俄羅斯」は、当時のロシアを意味して当てた漢字である。日本でも、俄羅斯《おろしあ》と表記することがあった。

ロシアは新しくスペア公使を任命していたものの、新任公使が到着するまで、ウェーベルに漢城勤務を続けさせていた。しかし、スペアの赴任後も、ウェーベルが滞在して、本国政府の意を受けて、二人の公使が親露政権を樹立するために努めた。

このためには、金弘集が率いる親日政権を倒さねばならなかった。一八九六年一月になって、スペア公使が漢城に到着した。

高宗は李範晋を通じて、ロシアの支援を取りつけようとした。一月中旬にウェーベルとスペアの両公使が高宗に謁見した時に、高宗が自らスペアのポケットに、秘密のメモを入れた。このメモは、ロシアの介入を強く要請したものだった。

高宗はロシア公使館に行在所《あんざいしょ》を移して、国政を指揮することを、ロシアへ申し出た。一国の国王が行在所を外国の公館のなかに移すというのは、異常なことだった。世界の歴史で、まったく例のないことだった。

ロシアは朝鮮を属国とすることを、狙っていた。高宗の要望を知って、二人の公使は驚くとともに、欣喜雀躍《きんきじやくやく》した。

漢城のロシア公使が本国に報告する時は、かならず、ヒトロヴォ駐日ロシア公使を通じた。そのために、ヒトロヴォの意見も加えられたから、三人の意見が一致することは難しかった。

ロバノフ外相は、スペアが要請した「漢城派遣部隊の増員」に原則的に同意したが、「新規の部隊の派遣はできない」と訓令した。

二月七日に、スペア公使は高宗に彼を公使館に受け入れる準備が完了したことを、伝えた。高宗は「ロシア公使館に、十分な警備兵が配置されたか」と質問した。そして、仁川に停泊中のロシア軍艦から水兵が上陸して、公使館保護の名目で、漢城に入る準備が完了したという報を、受けた。

播遷《はせん》の前日に、仁川から百人以上のロシア海軍の陸戦隊が、公使館に到着した。

十一日に、高宗と王世子は二台の宮女の輿に分乗して、宮女の外出を偽装して、西門の迎秋門を通じて、王宮から脱出することに成功した。脱出行には、金炳始《キムビョンシ》が従った。そして午前七時頃に、ロシア公使館に到着した。

ロシア公使館は、煉瓦《れんが》造りの洋館だった。高宗はロシア公使館に無事に着くと同時に、金弘集総理と四大臣をただちに捕殺することを、命じた。狂気がはなはだしかった、としかいえない。

高宗が大院君の手によって、十一歳で王位についた時に初めてだした王命が、「焼栗路商《クンバムジャンサ》を処刑せよ」というものだった。高宗は貧しかった少年時代に、焼栗の行商人に栗を食べさせてくれと頼んでも、もちろん、くれなかったから、路商たちを憎んでいた。王の命令は絶対だったが、高官たちが必死になって諫《いさ》めたので、ようやく思いとどまった。

高宗はそれから三十二年の歳月が経っていても、何ら変わらなかった。高宗は暗愚で、信念もなかった。腐敗しきっていた。李朝の黄昏の王に、ふさわしかった。

高宗はロシア公使館に入ると、金弘集内閣がまだ存在していたのに、金炳始を総理大臣に、朴定陽を総理代理兼内相に任命した。金炳始は断髪令に猛然と反対して、反日派となっていた。

金弘集は祖国の近代化を願い、至誠を傾けて、暗愚な王を助けても、徒労に終わった。そこで、金弘集は三度も総理の印綬《いんじゅ》を帯びながら、そのつど辞職を願いでたが、高宗は許さずに、組閣を命じ続けたのだった。

高宗は、ロシア公館に入ると、金弘集内閣を「逆党《ヨクタン》」として指弾し、金弘集と四人の大臣を

「逆賊《ヨクジョク》」ときめつけて、捕殺令を下した。

　この時、金弘集総理は宮中にあったが、このことを聞いて、高宗に面謁を請うた。しかし、それはかなわず、王がロシア公使館に入った翌日、農商工大臣の鄭秉夏とともに、警吏によって捕縛され、連行される途中に、群衆に襲われて、悲惨きわまりない最期をとげた。享年五十四歳だった。

　金弘集は王の播遷の報らせをきいて、つぎのように語った。

「私は陛下に謁して、心を翻させる。もしも聞き入れられなかったら、死をもって尽忠報国の道をとるほかにない。朝鮮の総理大臣である私が、朝鮮のために死ぬことは、天命である。他国人によって救出されることは、潔いことではない」

　警吏によって包囲される直前に、部下が避難するよう勧告した。

「国がこのような状態にあるのに、避難して助かってみても、つまらないことだ」といって、退けた。

　金弘集が捕縛されると、王宮の正門の光化門から外へ連れ出された。すると、広場に集まっていた群衆が、罵声をあげながら、殺到した。群衆は金弘集を棍棒で、めった打ちにして撲殺したうえで、遺体の両足に縄をかけて、鍾路の四辻まで引きずっていった。

『梅泉野録』の著者である黄玹《ファンヒョン》は、「金弘集は日本との和親を主張し、清に抵抗した。しかし、外国の傀儡でもなく、国事に誠を尽くした、卓越した政治家であった。そこで、知識人たちはその死を悲しんだ」と、論じている。そして高宗の俄館播遷について、「俄館播遷は不法だ」と断じている。

当時、皇城新聞の主筆だった朴殷植は金弘集が、「首相として職務に忠実に取り組みながら、政敵を排除せずに、仕事だけに熱中したことが、罪であった」と評している。それに、たとえ金弘集が重罪を犯していたとしても、一国の首相であるから、法院で裁くのが当然であると論じた。

そして、「(金弘集は)乱世を救う人材であると、称された。これで、開化が過ぎ去ったと、嘆息せずにおられない。おそらく開化派の形成以来、もっとも偉大な開化政治家が、失われた」と、悲しんでいる。

高宗がロシア公使館を行在所とすると、政治化がいっそう混迷して、無法の国と化した。高宗はほぼ一年、ロシア公使館に滞留した。このあいだ、高宗はロシアの代理人とならざるをえなかった。

金弘集に替えて、尹炳始が領議政に任命された。日本式の近代的な総理大臣という名称が廃止されて、それ以前の領議政に戻された。新内閣はロシアの力を背景として、開化派の旧閣僚を捕えて、改革派に対する報復をはじめた。

多くのロシア人が、財政、軍事顧問として任命された。李氏朝鮮は、ロシアの属国となりつつあった。

高宗が辞めて、純宗が即位すると、金弘集と四人の大臣の罪名が蕩滌《とうでき》された。とくに金弘集に対して伸冤祭享《シンファンジエヒヨン》を施し、「忠献《チユンヒヨン》」という諡号《しごう》が贈られた。蕩滌はきれいに洗うことである。伸冤祭享は、罪もないのに刑死した忠臣の怨恨を、国が盛大な祭祀を行うことによって晴らすことである。

金弘集は領議政を一回、総理大臣を三回歴任し、穏健的な開化派の代表格であった。近代的改革を積極的に推進する一方、東学党農民軍の弊政改革の要求を受け入れて、校正庁を設置し、日本からの内政改革の要請を待つこともなく、自主的な改革を力強く推進した金玉均と並んで、暗愚な国王に仕えたうえで、開化の殉教者として、世を去って行った。

ロシアのウェーベルと、スペアの両公使の懐のなかに入った高宗は、日本を除外して、各国に鉄道敷設権、鉱山採掘権、森林伐採権、漁業権などの売却に乗りだした。これこそ、売国行為だった。

李完用は俄館播遷を手伝ったが、外部（外務）大臣として国王が親露派と結託して、利権を外国に売り渡すことに、強く反対した。李完用はこの段階では、親露・反日派であった。

しかし、ロシアの要求に応じて、利権を売ることに反対したために、李完用は翌年に左遷されて、地方長官として転々とした。

自己保身に猫の目外交をくり返す

高宗はロシア公使館に、一年と四日にわたって滞在した。

俄館播遷として知られるが、国王が臆病なあまりに暗殺を恐れて、外国の公館に逃げ込んで執務したのだった。このようなことは、世界の歴史をひもといても、まったく例がないことだった。

高宗は朝鮮を、清日戦争で日本に敗れた中国に替えて、ロシアの属国——被保護国とすることを願った。建陽元（一八九六）年に、高宗は閔泳煥《ミンヨンファン》をニコライ二世の戴冠《たいかん》式に当たって、ロシアの首都だったペテルブルグへ特使として派遣した。この時、閔泳煥は駐米公使だったが、帰国中だった。

建陽は李朝が創建されて以来、はじめて自らの手によって制定した元号だった。それまで、元号は暦を司る天子である中国の皇帝のみが、定めることができた。だが、大帝国であったはずの清が、脆《もろ》くも日本に敗れた。李朝は清に臣従することから解放され、独自の元号を宣布したのだった。

それにもかかわらず、李氏朝鮮が長く自立心を欠いていたために、高宗は属国根性を捨て去ることができなかった。そこでロシアの庇護《ひご》のもとに入ることを、求めた。

日本は清日戦争の立役者の山県有朋を、ニコライ二世の戴冠式に、特派全権大使として派遣した。

閔泳煥は、閔妃を囲んだ戚族の閔氏族だった。父の閔謙鎬《ミンギョンホ》は高宗十九（一八八二）年に、兵士への俸給米を遅配したうえで、砂利を混ぜた腐敗米を支給したことから、兵士たちが憤って、壬午軍乱を起こした時に、まっ先に殺された高官だった。

高宗は日本を除外して、ロシアの保護に国の運命を託そうと図って、漢城駐在のウェーベル・ロシア公使に了解をえたうえで、閔泳煥を特使として出発させた。

ペテルブルグまでは、まだシベリア鉄道が敷設されていなかったので、長い旅だった。漢城からペテルブルグまでは、一万キロ以上もあった。シベリア横断鉄道は、一八九一年にウラジオストックで起工された。

ところが、閔泳煥はモスクワに到着したものの、期待に外れて、ロシア側の接受はきわめて冷ややかなものだった。この時に、閔泳煥は三十五歳だった。

閔泳煥はロシアのロバノフ外相に会うと、五カ条にわたる要請書を提示した。

「一　十分な朝鮮軍が創設されるまで、ロシア軍隊が国王を保衛する。
二　軍隊と警察の訓練のために、二百名あまりの教官を派遣する。

三　内閣、産業、鉄道をはじめとする分野を指導するために、顧問を派遣する。
四　三百万円の借款を提供する。
五　朝鮮とロシアを結ぶ電信線を敷設に同意する」
しかし、ロバノフは閔泳煥に曖昧《あいまい》な返事しか、与えなかった。ロシアは満州に対する支配を確立することを優先していたから、それまでは朝鮮において、日本と無用な軋轢《あつれき》を引き起こすことを、躊躇《ちゅうちょ》していた。

それにこの時機に、朝鮮半島でアメリカやイギリスなどの他の列強の反発を招くことも、避けねばならなかった。ロシアは満州を租借してから、朝鮮をわが物にしようとしていた。

ニコライ二世は絢爛たる戴冠式をあげたものの、革命の足音がしだいに高まるのに、怯えていた。そこで極東において領土を拡張することによって、ロシア国民の喝采を獲得しようとしていた。ロシアは積極的に極東南進政策を、推進していた。だが、そのためには手順があった。まず満州を呑み込まねばならなかった。

ロシアは朝鮮の李朝を、頭から軽んじていた。李朝は国際経験に乏しかったから、ロシアを利用できると、安易に計算していた。

閔泳煥はロシア宮廷きっての実力者であったウィッテ蔵相と、ようやく会うことができた四日前に、ロバノフ外相と李鴻章がロシアに北満州を貫通する東清鉄道を敷設する権利を与え、日本に対する事実上の攻守同盟である露清秘密協定を結んだことを、まったく知らなかった。東清鉄道を満州里からハルビンを結んで、シベリア鉄道が完成されれば、旅順、大連にまで達するものになるものだった。

李・ロバノフ秘密協定は、次のような条項から成り立っていた。

「一　アジアの露、清、または朝鮮領土に対する日本の攻撃に対しては、両国が相互に援助して対処する。

二　戦争となった場合には、単独講和はしない。

三　清はロシアが対日軍事作戦を遂行中、全ての港湾をロシア海軍艦艇に開放する。

四　清国政府は、ロシア軍隊の朝鮮半島への移動を容易にするために、吉林、黒竜の二省を経由して、ウラジオストックに至る鉄道の建設を承認する。

五　ロシアは、戦時と平和時にかかわらず、軍隊と兵站の輸送のために、清の鉄道を自由に使用することができる。

六　本条約は、十五カ年間の効力を持つ」

日本は徳川時代を通じて、長崎という触覚を伸ばして、アジアと世界の情勢を積極的に摂取して、国際感覚を身につけていた。だからこそ、アメリカのペリー提督が来寇《らいこう》してから、国際的に見事に対応した。日本人は自国が置かれた立場を、客観的にみることができたのだった。

ところが、このあいだ李朝は腐りきって、不能になっていた中国を、宗主国として崇めて、攘夷思想に凝り固まっていた。李氏朝鮮は、羅針盤のない船のようなものだった。そのうえ、国王から顕官までが、利己的な保身の欲によって目が覆われて、曇っていた。

閔泳煥はロシアに使いしたものの、唯一つの成果といえば、プチャタ大佐以下十三名のロシア軍人を帯同して漢城に戻ったことだった。もちろん、十三人の高額の俸給は、朝鮮側が負担した。

高宗は身辺を警護する護衛兵として、ロシア軍人に囲まれて安心はしたものの、ロシア側は高宗を傀儡化して、朝鮮全土をロシアの支配下に置くことを、企てていた。

高宗は自己保全をはかるほかには、国事に関心がなかったから、その時々に自分の役に立つと思った国や、人物を利用した。だから、結ぶ相手が猫の目のように変わり、リーダーシップを欠くことになった。リーダーシップとは、結局のところ一貫性である。

開化派の金玉均の同志だった徐載弼が、閔泳煥がモスクワに使いした年に、十二年ぶりに故国に帰ってきた。徐載弼は一八八四年に閔妃が清軍に介入を要請して妨害したために、甲申政変が失敗した後に、家族全員が殺されたが、まず日本へ逃れて、そのうえでアメリカに亡命した。シカゴ大学で学び、医学博士号をえていた。

高宗は守旧派、開化派、親露派、親日派、親米派にかかわらず、あらゆる勢力を自分のために利用して操ろうとした。高宗は徐載弼を、中枢院顧問として登用した。中枢院は、国王の諮問機関だった。

高宗は徐載弼が自分のために、開化勢力をまとめることを期待した。そして国費から五千円を援助して、新聞を発行することを勧めた。徐載弼は朝鮮近代史に大きく取りあげられることになる、『独立新聞』を発行することになる。

朝鮮の抜本的な改革による近代化を目指して甲申政変を起こした者は、国外へ逃れた者を除いて、全員がその家族とともに生命を奪われた。

ところが、徐載弼のように、ほとぼりがさめてから帰国した者は、科を問われることなく、再び起用された。

これは今日の韓国でも、変わっていない。金大中元大統領、全斗煥元大統領、盧泰愚《ノテウ》元大統領は死刑の判決を受けたし、金大中政権で首相となった金鍾泌《キムジョンピル》氏は、不正蓄財を追及されて、巨額の財産を没収され、海外へ逃れたことがあった。

しかし、全員が復権している。このようなことは、法治国家においては考えられないことだ。このような理解しがたい仕組みは、李朝時代に権力者が信念を欠き、すべてが機会主義《オポチュニズム》によって動かされていたことに発している。

朝鮮半島をめぐる露日の熾烈な覇権闘争

徐載弼《ソジェピル》は帰国した年の七月に、高宗の賛同もえて、李完用や、尹致昊《ユンチホ》、李商在《イサンジェ》、鄭喬《チョンギョ》などを中心として、朝鮮の自主独立と、自由民権のために国民を啓蒙する目的を揚げて三十数名が加わって、独立協会を結成した。李完用が初代委員長として、選出された。

この時、徐載弼は三十七歳になっていたが、アメリカの市民権をえていた。フィリップ・ゼイソンというアメリカ名を持っていた。そこで李朝の旧臣であったものの、外国人として扱われたから、独立協会のリーダー役をつとめたが、協会における肩書きは顧問にとどまった。

李完用はこの年の二月まで、朴定陽を首相とする親露内閣で、外相に当たる外部大臣兼農商工部大臣代理をつとめていた。学部大臣は文相である。その後、李完用は日韓併合に当たって中心的な役割を果たしたが、この時には三十八歳だった。

徐載弼はそのかたわら独立新聞社を設計して社主となり、翌年四月七日に、ハングル文字と、英文の双方を用いた『独立新聞』を創刊した。この日は今日でも、韓国で「新聞の日」として記念されている。

国字であるハングルは、それまでは諺文《オンムン》と呼ばれて、女子供のための文字として、軽蔑されていた。エリートである両班は、慕華思想によって漢字を崇めて金縛りになっていたから、ハングルを使わなかった。ハングルのみを用いた新聞を刊行したことは、きわめて画期的なことだった。

独立協会は設立されると、はじめの三カ月で一万人にのぼる、驚くほど多数の会員を獲得した。それまで朝鮮には、国民の世論を喚起するような団体はなかった。

独立協会ははじめは官民共同による啓蒙団体として、創立された。このように多くの支援者をえたことは、高宗をはじめとする守旧派にとっても、まったく予測外のことだった。国民がそれだけ国のありかたに、危機感をいだいていたことを、示していた。そのために、独立協会は漢城における政治勢力となった。

協会は会員や支持者を動員して、目抜き通りの鍾路の四つ角で、「万民共同会《マンミンコントンヘ》」と呼んだ集会を、頻繁に催した。

万民共同会は、朝廷に対する政治的な圧力となった。第二次大戦後、韓国の初代大統領となった李承晩《イスンマン》は万民共同会の集会において、二十二歳の青年弁士の一人として、熱弁を振るった。

独立協会はまず朝鮮が独立国であることを国民に周知させるために、中国の属国であることを象徴していた迎恩門《ヨンウンムン》を壊して、そのあとに洋風の石造りの独立門を建立した。迎恩門は西大門から義州へ向かう義州路をまたいで建っていたが、中国から勅使が派遣されてくると、国王が王宮から出て、ここで勅使に対して三跪《さんき》三拝《さんぱい》の礼をもって迎えたものだった。

迎恩門の隣には、中国の勅使一行が漢城に到着してまず衣服を改めた慕華館《ムファアクワン》があった。独立協会は館の梁《はり》に据えられた「慕華館」の扁額を外して、「独立館」の看板を掲げた。それまで中国は李氏朝鮮の宗主国として、「上国《サングク》」と呼ばれていた。

しかし、李氏朝鮮は中国のおぞましい文化によって精神を蝕《むしば》まれていたから、もはや手遅れだった。

独立館と改称された、かつての慕華館では、独立協会が連日のように会合を行って、開化独立の策が練られた。日曜日ごとに、徐載弼が演説した。

独立協会は、高宗や守旧派にとって、鬼子となった。徐載弼は独立新聞の紙面に、開化と独立を促す論陣を張った。

独立協会は何よりもはじめに、高宗がロシア公使館から宮廷へ帰還することを求めた。徐載弼はアメリカから帰国して、初めて高宗にロシア公使館において拝謁したときに、国王が宮城に戻ることを強く進言した。

そして協会は政府がロシアへ土地買収や、鉱山、森林伐採など多くの利権をつぎつぎと売却するかたわら、政府人事にあたってロシアの介入を許していることを憂いて、ロシアによる内政干渉を排除することをはかった。

高宗がロシア公使館に逃げ込んでから、国民のあいだで国王の権威が大きく損われるようになっていた。誰から見ても異常なことだったから、還御を求める声が、たかまっていた。

独立協会の活動と、独立新聞はナショナリズムを煽ることによって、民権伸長運動を展開した。もし、十二年前に金玉均の甲申政変が閔妃の手によって失敗することがなかったとすれば、このような旺盛な民意が朝鮮の開化と近代化を支えることができたのにと、惜しまれる。しかし、今となっては、暗愚な高宗を抱いているかぎり、百薬無効《ベクヤクムヒョ》だった。

独立協会が、世論を煽った。高宗は世論に抗することができなくなって、ついに建陽二（一八九七）年二月にロシア公使館を出て、慶運宮《キョンウングン》に遷御した。慶運宮は、ロシア公使館や、アメリカ公使館がある貞洞に、隣接していた。そのしばらく後に、徳寿宮《トクスグン》と改名されて、今日に至っている。

ここには王族の屋敷があったが、高宗は財政が逼迫《ひっぱく》していたのをよそに、イギリス人技師を高給で雇って、石造りの贅沢な西洋式宮殿を造営させていた。今日、徳寿宮は観光スポットの一つとなっている。

高宗が王宮である景福宮へ戻らなかったのは、慶運宮がロシア公使館の裏にあって、万一の場合にロシア公使館に避難できると思ったからだった。高宗はこのために、ロシア公使館に通じる通路と、小門を造らせた。

高宗は徐載弼を使って、独立協会と独立新聞という種を撒《ま》かせたのだったが、自分の手に負えない逞《たくま》しい木として、育ってしまった。

高宗が慶運宮に玉座を移した翌日に、日本側がロバノフ・山県議定書を、発表した。

高宗はロシアのウェーベル公使を通じて、ロシアこそ世界の最強国であると考えて、「命の綱」と仰いで、玉座をロシア公使館に移すほどまで信頼してきたのに、ロバノフ・山県議定書が公表されると、いたく失望した。

ロバノフ・山県議定書は公表された条項と、秘密協約から成り立っていた。ロシアも、日本も、このような協定を結ぶのにあたって、朝鮮政府にまったく諮ることがなかった。発表された内容は、次のようなものだった。

「一　露日両国政府は朝鮮の財政難を救済するために、朝鮮政府に過剰な支出を削減させ、支出と歳入の均衡を保つように勧告する。もしも、緊急な改革を要する結果として、外債に依存する場合には、両国政府は共同して、朝鮮に援助を提供するように努力する。

二　露日両国政府は、朝鮮の財政および経済的条件が許容するかぎり、外国からの援助なしに、国内の秩序を維持するのに足るような数の朝鮮人によって構成する軍隊および、警察を創設して、その維持について、もっぱら朝鮮に委せることとする。

三　朝鮮との通信を容易にするために、日本政府は、現在、その手中にある電信線を継続管理する。ロシアはソウルから露朝の国境までの電信線の架設権を持つ。これらの電信線については、朝鮮政府がこれを買収するのに必要な資金を準備し、買収することを可能にする。

四　上記の条項については、さらに詳細なものを必要とするが、両国政府はこのような問題に対して、友好に協議する」

秘密協定のほうは、次のようなものだった。

「一　朝鮮の安定と秩序が紊乱《びんらん》されるか、はなはだしく危険に直面した場合、露日両国政府が、それぞれの国民の安全と電信線の保護に要する兵員の数を越える軍隊を派遣する必要があるという、判断について意見が一致する場合、相互の武装軍人の間で衝突が起こることを予防するために、両国軍隊のあいだに中立地帯を設ける方法として、各自の活動の領域を決定する。

二　本議定書の公開条項の第二条で言及した、朝鮮で必要な軍隊が創設するまで、両国軍隊がこの王国において駐兵する。朝鮮国王の身辺警護に対しては、特別にその義務だけのために、朝鮮軍が創設されるまで、この目的のために定めた措置も同じく守られなければならない」

露日両国はこの三年前に、ウェーベル・小村覚書を交わして、それぞれ漢城と釜山に一個中隊二百人を超えない三個中隊を駐屯させることで、合意していた。そうすることによって、両国が無制限に駐屯兵力を増すことに歯止めをかけたのだった。

高宗の親政強化に利用された「大韓帝国」樹立

高宗はロシア公使館から慶運宮に還御すると、独立協会の主張をいれて、国号を大韓帝国《テハンゼグク》と改め、自ら皇帝の地位に昇った。

高宗は正装した文武百官を率いて、輿に乗って慶運宮を出て、南山の西側の麓《ふもと》にある別南宮に、清を模倣して造った天壇において、即位式を挙行した。そうすることによって、高宗は中国の皇帝と同格の天子となった。この圜丘壇《えんきゅうだん》と呼ばれた天壇は、今日、朝鮮ホテルの裏庭にその姿をとどめている。

それとともに、年号も光武に変えた。もっとも、高宗皇帝の朝鮮には光も、武もなかったから、国号を大韓帝国に改めて、国王が皇帝を名乗ったことは、列強諸国から茶番劇としてしか受け取られなかった。

高宗は皇帝となるとともに、憲法にあたる大韓帝国国制を制定した。これは開化と近代化に逆行して、皇帝の手に全権力を集めて、親政を強化するものだった。

このために、大韓帝国と称したものの、いっそう危うい国となった。皇帝がすべての決定権を握ったから、後の日韓併合にあたっても、皇帝の意思のみによって行えたのだった。

ロバノフ・山県議定書は、露日両国が事前に協議することなく、朝鮮に財政援助を行わないことを約していた。それなのに、閔泳煥特使は露日間でそのような交渉が行われていたことを知らなかったので、ペテルブルグでロシア政府に三百万円の借款を供与することを、懇願していた。

閔泳煥特使一行は、ロシア側の回答を待ちながら、半年以上も無為にペテルブルグで時を過ごした。特使一行は滞留する費用だけで、四万ドルという巨額を浪費した。

高宗は李朝の歴代の国王と同じように、臣下の党派抗争を操ることを、政治の要諦《ようてい》としてきた。そこで国際関係にも同じ手口を適用して、関係諸国の勢力均衡をはかることを試みた。したがって、どの国からも信頼されなかった。

大韓帝国の皇帝となった高宗は、農村や貧民がいっそう窮乏するのにもかかわらず、あいかわらず美食と遊興に耽り、国費を浪費することを続けた。この時になっても、宮廷費が国家予算の半分以上を占めた。それでも、宮廷では臣下たちが李朝を通じて、ずっとそうだったように、高宗を「もっとも英明な君主」として、諂《へつら》い続けた。

李朝では国は、国王と王を囲む特権階級である両班のためにのみ、存在していた。民は徹底的に搾取されるだけの対象だった。

儒教は中国においても、朝鮮でも、貪欲な利己主義の表面を飾るものとして用いられていた。

大韓帝国は大日本帝国と、似ても似つかなかった。高宗は近代化も開化も、王権を制限することになったから嫌った。宮廷費を削減されては、浪費を続けることができなくなってしまう。それだから、近代国家の制度をとることを拒んだ。

独立協会と独立新聞による公開された言論闘争は、国家の独立と開化、近代化を求める潮流を日増しにつくりだしつつあったから、高宗にとっても、守旧派と親露派による政権にとっても、重大な脅威となった。

はじめは独立協会の幹部たちを懐柔と賄賂によって、買収しようと試みたが、成功しなかった。

徐載弼は中枢院顧問を免ぜられ、さまざまな脅迫を蒙った。徐載弼は夫人と娘を連れて、光武二年に祖国を再びあとにして、アメリカへ向かった。

それでも、独立協会は活動を弱めることがなかった。独立新聞とともに、政権の汚職や、腐敗や、売国行為を攻撃した。

守旧派と親露派による政権は独立協会の打倒を企てて、李基東《イギドン》や、洪鍾宇《ホンジヨンウ》、趙秉式《チヨビヨンシク》たちが中心となった皇国協会に、テロ活動を行わせた。皇国協会は褓負商《ボプサン》に、全国にわたって独立協会員を襲撃するように指示した。

洪鍾宇は一八九四年に、金玉均を上海で暗殺した犯人だった。金玉均の暗殺はもちろん、高宗の了解のもとに行われた。高宗は俄館播遷の翌日、忠臣で、開化派政権の首相だった金弘集に対して撲殺令《バクサルヨン》を発したが、近代化をはかる優れた人材をつぎつぎと殺してきたのだった。

褓負商は商品を担いで、行商する商人のことである。李朝は商工業を蔑視したから、徳川時代の日本のように大きな商店がなく、商業は褓負商によった。

親露派の軍部大臣だった兪箕煥《ユギファン》と、法務次官の李基東が共謀して、光化門と独立門に「独立協会が万民共同して、高宗を廃して、大統領制をとる共和体制を樹立する国体変革の陰謀を企んでいる」という匿名書を貼りださせた。李基東は皇国協会の会長も、つとめていた。

高宗は猜疑心が強く、讒言《ざんげん》をすぐに信じたので、独立協会の幹部の一斉検挙を命じた。翌日の早晩までに、十七人が逮捕された。会長の尹致昊などの幹部の一部は、事前に情報をえて、身を隠した。

そのうえで、高宗は詔勅をだして、独立協会の解散を命じた。

ところが、梁弘黙や、李承晩が他の会員や、培材《ペチエ》学堂の学生たちを動員して、警務庁の前で検挙された十七人の無罪を主張して、即時釈放することを要求した。独立新聞はもちろん、帝国新聞、皇城新聞も、いっせいに政府を非難した。

万民共同会の抗議運動は、たちまち燎原《りようげん》の火のように拡がった。数千人が「われわれも冤罪《えんざい》の十七人と生死を共にする」と絶叫して、示威行進した。デモは日を追って、激しくなった。

そして十七人を公開裁判にかけることを、要求したが、裁判長になった李基東は承知しなかった。

しかし、抗議がたかまるなかで、高宗は圧力に屈して、会員を釈放し、独立協会が復活することを許諾した。そのかたわら、独立協会を弾圧した者を捕えるように命じ、李基東も逮捕された。

高宗は裏で洪鍾宇を用いて、三百人もの褓負商たちに万民共同会を襲撃させた。

混乱が深まるなかで、高宗は独立協会による国会開設の要求を入れて、中枢院を強化する措置を講じた。

そして五十人の中枢院議官を任命したが、そのうちの十七人が独立協会、三十二人が皇国協会、その他一人という構成だった。

だが、朝鮮を囲む国際情勢が緊迫している時に、このような混乱によって、貴重なエネルギーと時間を空費している余裕はないはずだった。李氏朝鮮の滅亡は、何といっても高宗の暗愚さによって、もたらされたのだった。

今日の北朝鮮は、まさに李氏朝鮮が甦《よみがえ》ったものである。

二〇〇一年秋に、ロシアのコンスタンティン・プリコフスキ極東連邦管区大統領全権代表が『オリエント・エクスプレス』と題した著書を、モスクワで刊行した。

プリコフスキ代表は金正日総書記が、二〇〇〇年、特別列車を仕立てて、一カ月もかけてモスクワを訪れた時に、往路も帰路も、接伴役としてつれ添った。昨年、金総書記がハバロフスクを訪問した時も、同じことだった。

プリコフスキ代表は、金総書記を「世界一の美食家である」と描いている。特別列車には航空機で取り寄せた、フランスの最高のワインや、各地から取り寄せられた高級な食材が積まれ、フランス、中華、ロシア、日本料理が、日々交替で供された。金総書記は食事をしばしば四時間もかけて、摂った。

専用列車には、「選び抜かれた美女の車掌」が乗っていた。カラオケ装置もあり、金総書記がさまざまな歌をうたって興じた。

北朝鮮の高官たちは、金総書記の前に出ると、腰を深々と折って、最敬礼を行ったが、金総書記から声をかけられるまで、石の彫刻にでもなったように、ずっとその姿勢をとり続けたと書いている。

金正日総書記は、李朝の国王の生まれ変わりなのだ。

尖鋭化する守旧派・高宗と、開化派・日本の対立

高宗が朝鮮の国号を大韓帝国《テハンゼグク》に改めて、皇帝《ファンゼ》を称した前後に、外国の新聞が李朝のもとにあ

った朝鮮を、どのように見ていたのだろうか。

建陽二（一八九七）年に『ロンドン・タイムズ』紙は、李朝は「腐敗と失政を繰り返している。公職は王によって引き立てられるか、国王の寵愛を受けている宮女に取り入ることによって、えられる」（四月十六日）と論評した。この年に、元号が光武《クアンム》に改められた。

あるいは、上海で発行されていた『ノース・チャイナ・ヘラルド』紙は、「この国の腐敗はさらにひどくなっており、官職の売買がいっそう公然と行われるようになっている」（十月二十二日）と述べている。高宗が親政しているかぎり、濁りきった泥水が澄むはずがなかった。

この年の九月一日に、外部（外務）大臣だった李完用が守旧派や親露派による反撃を蒙って、学部文部大臣に更迭された。高宗がロシアへ利権をつぎつぎと売ることに、李完用が反対したからだった。

李完用が外部大臣だったあいだに、独立開化派の論陣を張った『独立新聞』は、次のように賞賛した。

「外部大臣の李完用氏のこの一年間の苦しみと悩みは、人々の想像を超える。このような時に外部大臣をつとめるのは、人が羨《うらや》むところではない。李氏の一年間の実績をみれば、知恵を精一杯活用して、平和を守り、朝鮮に害が及ばないように外交を運営してきたものだ。万一、李氏が更迭されることがあれば、李氏より獲れた外交官が他にいるだろうか」（建陽二

年一月二十三日、論説）

その一カ月後の十月に、李完用は閣外へ追放されて、平安南道の知事に当たる観察使に落とされた。その時に、『独立新聞』はつぎのように説いた。

「学部大臣の李完用氏は日常、愛国愛民の心をもって国を守り、百姓を救護し、国権を外国に奪われまいと闘ってきたが、彼を嫉妬し、憎悪する派によって、平安南道観察使に左遷された。李大臣が政府から離れることは、朝鮮を愛し、朝鮮大君に忠誠を尽くす人たちが、こぞって惜しんでいる」

李完用は教養人だっただけではなく、明朗で徳が厚く、清廉だったので、人望があった。なかでも書に優れ、李朝の三書家の一人といわれた。

高宗が大韓帝国皇帝を名乗った翌年の二月に、実父の大院君が老衰のために没した。七十九歳だった。李朝を滅亡に導いた主役の一人だったが、深い確執を演じた義娘の閔妃とともに、歴史のなかへ去っていった。

漢城では、国が滅亡に瀕《ひん》しているというのに、高官たちがあいかわらず私利私欲に駆られて、党派抗争に明け暮れていた。外国の新聞が報じたように、李朝の腐敗しきった体質が改められることは、いささかもなかった。

人々は儒教によって、がんじがらめになっていた。儒教こそ、李朝五百年の呪いであった。

中国から来た儒教は、もともと自分の一族に対する忠誠心である孝を、何よりも大切にして優先したから、近代国家をつくるのに当たって必要な公の観念を欠いていた。李朝末期の朝鮮では、ごく一部の先覚者さえ除けば、幕末から明治にかけた日本に漲《みなぎ》っていた国家意識や、強い愛国心が培われることがなかった。

高宗が日本を嫌ったのは、慕華思想に取りつかれていたからだけではなかった。何よりも日本が金玉均や、金弘集をはじめとする改革派と組んで、近代的な改革を強いて、王権を制限しようとはかったからだった。

李朝は国王が恣《し》意《い》的に振る舞える絶対的な王権のうえに、成り立っていた。そこへゆくと、ロシアは朝鮮にある利権を漁ることと、朝鮮を被保護国に変えることを企てていただけであって、内政の改革について関心を示さず、改革を進めることを求めなかった。

高宗は歴代の李朝の王と同じように、国を私物化することしか、考えなかった。守旧派は国が崩壊に瀕しているというのに、専制体制の甘い蜜を吸うことだけに、関心があった。

高宗は大韓帝国に君臨するようになったが、悲しい滑稽劇でしかなかった。高宗はロシア公使館に一年以上も逃げ込んで執政したために、国民の間で失墜した権威を「大韓帝国皇帝」を称することによって、回復しようとしたのだった。先の『ノース・チャイナ・ヘラルド』紙は、国の名を大韓帝国に改称したことを、「漢城で演じられている茶番劇の一幕にしかすぎない」

と評している。

李氏朝鮮――あるいは大韓帝国に終止符が打たれる時が、刻々と迫っていた。五百年の腐木が倒れようとしていた。

儒教こそ李氏朝鮮を腐らせた最大の原因だった。李朝の太祖となった李成桂が、朝鮮を中国の属国とするとともに、それまで高麗の国教となっていた仏教を徹底的に弾圧して、中国の儒教をそのまま取り入れて、新しい国教としたことが、韓民族を五世紀にわたって〝北東アジアの病人〟とした。儒教が李氏朝鮮にとって、死に至る病いとなった。

今日でも、儒教は韓国人の心理と行動様式を束縛している。儒教は韓国人にとって呪いであり、大きな災いをもたらしてきた。韓国のマスコミが自国を自嘲して「腐敗共和国《プベコンファグク》」と呼ぶが、賄賂が上から下まで罷り通り、人々の公徳心がきわめて薄いのは、儒教から発する病いである。

儒教は人間関係をあるべき型にはめて規定することによって、人の行動を律する教えの体系である。朝鮮では儒教のもとで、父親と息子の孝《ヒョ》に基づく関係が、何よりも重視された。これは、君臣関係や、主従関係よりも、大切なものとされた。そして中国を宗主国である上国《サングク》として仰いだから、儒者たちは明《みん》の歴代の皇帝のありもしない徳を称え、忠誠心が自国の王よりも、明の皇帝へ向けられた。

朝鮮の儒教は、日本が儒教をつまみ食いして、〝日本型の儒教〟につくり変えたのと違って、社会から活力を奪ってしまった。人にとって、不孝《プルヒョ》こそが最大の罪であって、一族がすべてに優先した。交友関係も、親や、一族に対する忠誠心を妨げることになったから、深いものになってはならなかった。李氏朝鮮社会における女性の扱いにも表われた。妻は夫の両親に仕えることが、もっとも大切な役割とされ、夫との人間関係は軽んじられた。

この結果、朝鮮では過度な祖先崇拝が行われた。結婚披露宴や、葬儀の派手さ、墓の大きさや、祖先に対して自宅で催される祭祀が、一族の栄光を示すものとなった。親が死んだ場合には、長男は墓のわきに仮小屋をつくって、粗衣を纏《まと》って籠《こも》り、三年にわたってひたすら喪に服さねばならなかった。

人々にとって、祖先や一族が何よりも強い求心力を発揮した。他人の一族はつねに競争相手として意識されることによって、孝が排他的な力として働いた。過剰な孝は、反社会的な力として作用した。そのために、このような土壌には、日本の活力の源となった和の精神や、共同体としての国家意識や、国に対する忠誠心が育つことがなかった。

李朝の朝廷が上国である中国に頼るかたわら、人々は祖先に依存した。そこで自立という観念にまったく欠けていたから、清が日本に敗れて力を衰えさせると、清に代わって寄生できる国を求めねばならなかった。

国に対する忠誠心が育たなかったことは、今日の韓国で富裕な階級の子息が、徴兵逃れをするかたわら、階級を問わず全国民が、アメリカや、オーストラリアや、日本をはじめとして、海外へ移住する願望をいだいていることにも、表われている。いまでも韓国では、国は潜在意識的に禍いをもたらすものだと、感じられている。李朝五百十八年を通じて、国は禍いをもたらしたのだった。一九八〇年代に入ってから、韓国において生活水準があがり、豊かになったというのに、今日でもアメリカやオーストラリアへ移住することは、全国民が分かち合っている夢である。

アジアがはじめて西洋を破る

さて、大韓帝国へ戻ると、全国にわたって、活貧党《ファルビンダン》をはじめとして、貧しさから過酷な生活を強いられた農民たちによる蜂起が、続いた。しばしば高官を含めた貪官汚吏《どんかんおり》が、反乱した農民たちによって襲われて、惨殺された。

忠州と安東の観察使も、民衆によって殺された。しかし、高宗は民衆の生活が窮迫しているかたわら、もはや中央政府が統治能力を失っているのをよそに、あいかわらず宮廷において、贅を尽くした生活に耽っていた。

このあいだ、ロシアは極東において軍事的な地位を、着々と強固なものとしていった。ロシアは先の日本に対する三国干渉が成功した後に、清から遼東半島の旅順と大連を租借し、旅順港に堅固な大要塞《ようさい》を築いて、五万人近い兵力を配置した。南満州はロシア軍が充満するようになった。

ロシアは、アレキサンドル三世の時から、極東を支配下に置くことを、企てていた。一八六〇年に日本海に面するシベリア沿海州に、軍事拠点として新しい町がつくられ、ウラジオストック（ロシア語で「東方支配」）と、命名された。ウラジオストックが築かれた一八六〇年といえば、日本で元号が明治に変わる八年前のことだった。

アレキサンドル三世が清日戦争が始まった一八九四年に死ぬと、ニコライ二世が二十六歳で即位した。ニコライ二世はドイツ皇帝のビルヘルム二世と従兄弟だったが、二人はアジアにおける征服を競った。

光武八（一九〇四）年二月八日に露日両国が断交したのを受けて、日本艦隊が旅順港外にあったロシア艦隊を攻撃したことから、露日戦争が始まった。翌日、露日艦隊が仁川港外で交戦した。ロシア巡洋艦は『ワリアーグ』と砲艦『コレーツ』が、いったん仁川港から沖に出て、日本艦隊と砲火を交わした。両艦は大きな損傷を蒙ったうえで、仁川港に戻って自沈した。日本陸軍がその直後に仁川に上陸し、続々と漢城に入った。

十二日に、ロシアのパブロフ公使以下のロシア公使館員が漢城のロシア公使館を放棄して、仁川港からフランス軍艦に乗って、朝鮮を離れた。高宗は日本軍が漢城を埋めるかたわら、ロシア公使以下館員が逃げてしまったことに、親露派の側近たちとともに、強い衝撃を受けた。

高宗は変わり身が早かったから、いちはやく日本軍の戦勝を祝う勅語を発した。

日本の林権助公使は前年に、外部大臣の李址鎔《イジョン》に一万円の現金を、袖の下として贈っていた。一万円は今日の貨幣価値に換算すれば、数億円に相当する。高宗は李址鎔の献策によって、朝鮮十三道の知事に当たる観察使に、日本軍に協力することを命じる勅語を下した。

といっても、高宗は日本軍がかりに戦争初期の段階で若干の勝利を収めることがあっても、ロシアが勝つことを疑わなかった。この時、ロシアは南満州と遼東半島に、三十二万人の大軍を展開していた。

それでも、高宗は日本の意を迎えて、表面では日本に従って、度支部大臣として頼りにしてきた李容翊をはじめとする親露派や、反日派の閣僚を、国外へ追放した。度支部大臣は、財務相に当たった。これは高宗の地位を、大きく弱めた。

その翌日の二月二十三日、韓日議定書が調印された。

「第一条　日韓両帝国間ニ恒久不易ノ親交ヲ保持シ東洋ノ平和ヲ確立スル為メ大韓帝国政府ハ大日本帝国政府ヲ確信シ施設ノ改善ニ関シ其《その》忠告ヲ容ルル事。

第二条　大日本帝国政府ハ大韓民国ノ皇室ヲ確実ナル親誼《しんぎ》ヲ以テ安全康寧ナラシムル事。

第三条　大日本帝国政府ハ大韓帝国ノ独立及領土保全ヲ確実ニ保証スル事。

第四条　第三国ノ侵害ニ依リ若クハ内乱ノ為メ大韓帝国ノ皇室ノ安寧或ハ領土ノ保全ニ危険アル場合ハ大日本帝国政府ハ速《すみやか》ニ臨機必要ノ措置ヲ取ルヘシ而シテ大韓帝国政府ハ右大日本帝国政府ノ行動ヲ容易ナラシムル為メ十分便宜ヲ与フル事大日本帝国政府ハ前項ノ目的ヲ達スル為メ軍略上必要ノ地点ヲ臨機収容スルコトヲ得ル事。

第五条　両国政府ハ相互ノ承認ヲ経スシテ後本来協約ノ趣ニ違反スヘキ協約ヲ第三国トノ間ニ締立スルコトヲ得サル事。

第六条　本協約ニ関聯スル未悉ノ細条ハ大日本帝国代表者ト大韓帝国外部大臣トノ間ニ臨機協定スル事」

日本政府は前年の十二月に、対露戦争がもはや避けられないと判断して、「対露交渉決裂ノ際日本ノ採ルべキ対韓方針」を、決定していた。この方針は「韓国ニ関シテハ如何《いか》ナル場合ニ臨ムモ之《これ》ヲ我権勢ノ下ニ置カサルへカラサル」と述べていた。韓日議定書は、まさに朝鮮を日本の「権勢」のもとに置くものだった。

日本は高宗を、まったく信用していなかった。日本としては、高宗が清日戦争に当たって、日本に協力することを装いながら、裏で清と内通していたことがあったから、今回こそは朝鮮をしっかりと掌握しなければならなかった。日本は国家の生き死にをかけて、ロシア帝国と戦っていた。

それに、もはや世界のどの国も、朝鮮が独立を維持することを、強く望んでいなかった。これは李朝の自業自得だった。ロシアは朝鮮を支配下に置くことを、企てていた。イギリスとアメリカは、ロシアが南下政策を続けて、アジアに勢力を伸ばすことを警戒していた。イギリスは露日戦争の二年前に、日英同盟条約を結んだ。

イギリスは長年にわたって同盟国を持たないことを誇りとして、自ら「光輝ある孤立《グローリアス・アイソレーション》」と呼んでいた。そのイギリスが、明治維新からまだわずかに三十四年しかたっていなかった日本と、対等な同盟条約を結んだのだ。日本は堂々たる近代国家となっていた。それまでの三十余年間の日本と朝鮮の両国を較べると、あまりにも大きな差があることを慨嘆しなければならない。

このような状況は、残念なことであるが、朝鮮が自ら招いたものだった。朝鮮は自治能力を欠いているとみられ、どの国も、朝鮮を真剣に相手にしなかった。大韓帝国という看板はまったく空しいものでしかなかった。李朝は腐敗しきっていたうえに、高宗が自分の保身だけをはかって、刻々と変節したから、どこの国からも信頼されていなかった。

高宗の期待に反して、日本軍はよく戦って、海に陸にロシア軍を打ち破った。これは高宗の期待を、大きく裏切るものだった。

光武九（一九〇五）年一月に、旅順のロシア軍が日本軍に降伏し、三月には奉天会戦が戦われて、日本の野戦軍が勝った。

さらに五月二十七日に、東郷平八郎大将が率いる日本艦隊と、ロシアのヨーロッパ部から出撃したバルチック艦隊が、対馬沖において日本海海戦を戦った。海戦は、日本の完全な勝利に終わった。

露日戦争に当たって、李容九《イヨング》と宋秉畯《ソンビヨンジユン》が率いる一進会《イルチンヘ》が、弾薬糧秣《りようまつ》の運送、鉄道建設、敵状の偵察などに、日本軍に積極的に進んで協力した。李容九は両班の出身だったが、東学党に入り、その幹部となった。宋秉畯は両班と官奴の間に生まれ、才を認められて、閔泳翊の下僕となった。そして、科挙の武科に合格した。

戦争中、一進会の会員は、十万人を数えた。会員はみな断髪し、日本と一体になることが、国と民を救う道だと信じていた。

日本政府はかねてから戦争を終結させるために、アメリカのセオドア・ルーズベルト大統領に調停役を果たすように、依頼していた。六月に入って、日本はワシントンにおいてルーズベルト大統領に和平を調停することを、正式に申し入れた。ルーズベルト大統領は日頃から日本の文化に敬意を表して、日本贔屓《びいき》だったから、仲介役を引き受けた。

その翌月の七月に、アメリカの大統領特使としてタフト国防長官が訪日し、東京で桂太郎首相との間に、桂・タフト協定が結ばれた。これは秘密の覚書きであって、日本がアメリカによるフィリピン領有を認めるのと交換に、アメリカが日本の朝鮮支配を承認するものだった。アメリカは朝鮮が極東の不安定要因となっており、日本が朝鮮を支配することが、アジアの平和を維持するのに必要であると、判断していた。

日本はイギリスからも、日本が朝鮮に対して「指導管理及ビ保護ノ措置ヲ執ルノ権利」を持っていることについて、承認をえた。もちろん、アメリカも、イギリスも、このように朝鮮のありかたを左右する決定を行うのに当たって、朝鮮政府に諮ることをしなかった。

八月九日から、ルーズベルトの斡旋《あっせん》によって、アメリカのニューハンプシャー州ポーツマスにおいて、露日講和会議が始まった。

高宗が清が日本に敗れた後に、頼みの綱として縋《すが》ったロシアが、日本に膝を屈したのだった。

八月二十三日に、第一次韓日協定が結ばれた。朝鮮政府が日本が推薦する財政、外交顧問を傭《やと》い、その意見に従うかたわら、外国との条約や、取り決めについて、日本政府とあらかじめ協議することを、定めたものだった。

日韓併合成り、李朝終焉す

日本は露日戦争に勝利を収めたものの、それまで朝鮮が大きな不安定要因であり、清日、露日戦争を招く原因となったから、朝鮮を日本の監督下に置かなければ、安心することができなかった。それに李朝政府のもとでは、近代的改革が行えないことが明らかだった。

九月はじめにポーツマスにおいて、露日講和条約が調印された。その第一条で、ロシアは朝鮮から手を引き、日本が朝鮮に対して「卓絶ナル利益」を有することを認めたうえで、ロシアは満州から撤兵することも、承諾した。

十一月に、第二次韓日協約が調印された。韓国では乙巳《ウルサ》保護条約として、記憶されている。

「日本国政府及韓国政府ハ両帝国ヲ結合スル利害共通ノ主義ヲ鞏固《きょうこ》ナラシメンコトヲ欲シ韓国ノ富強ノ実ヲ認ムル時ニ至ル迄此目的ヲ以テ左ノ条款ヲ約定セリ。

第一条　日本国政府ハ在東京外務省ニ由《よ》リ今後韓国ノ外国ニ対スル関係及事務ヲ監理指揮スヘク日本国ノ外交代表者及領事ハ外国ニオケル韓国ノ臣民及利益ヲ保護スヘシ。

第二条　日本国政府ハ韓国ト他国トノ間ニ現存スル条約ノ実行ヲ全フスルノ任ニ当リ韓国政府ハ今後日本国政府ノ仲介ニ由《よ》ラスシテ国際的性質ヲ有スル何等ノ条約若《もし》クハ約束ヲナササルコトヲ約ス。

第三条　日本国政府ハ其ノ代表者トシテ韓国皇帝陛下ノ闕《けっ》下《か》ニ一名ノ統監（レヂデントゼネラル）ヲ置ク。統監ハ専《もっぱ》ラ外交ニ関スル事項ヲ管理スル為メ京城ニ駐在シ親シク韓国皇帝陛下ニ内閣スルノ権利ヲ有ス。日本国政府ハ又韓国ノ各開港場及其他日本国政府ノ必要ト認ムル地ニ理事官（レジデント）ヲ置クノ権利ヲ有ス。理事官ハ統監ノ指揮ノ下ニ従来在韓国日本領事ニ属シタル一切ノ職権ヲ執行シ並ニ本協約ノ条款ヲ完全ニ実行スルタメ必要トスヘキ一切ノ事務ヲ掌裡スヘシ。

第四条　日本ト韓国トノ間ニ現存スル条約及約束ハ本協約ノ条款ニ抵触セサル限総テ其効力ヲ継続スルモノトス。

第五条　日本国政府ハ韓国皇室ノ安寧ト尊厳ヲ維持スルコトヲ保証ス」

これをもって朝鮮は、事実上、独立を失った。この時に、朝鮮の八人の閣僚のうち、五人が賛成し、三人だけが反対した。この第二次韓日協約によって、朝鮮は日本の保護国となった。朴斎純《パクチェスン》外部大臣、李址鎔《イジヨン》内部大臣、権重顕《クオンジュンヒョン》農商工部大臣、李完用《イワンヨン》学部大臣、李根沢《イグンテク》軍部大臣の五人の閣僚が、協約に賛成した。この五人は、今日の韓国でも、「乙巳五賊《ウルサオジョク》」と呼ばれて、五人は最大級の国賊として扱われている。

日本が第二次韓日協定を結んだことを各国に通知したのを受けて、アメリカ、イギリス、ロシア、清をはじめとして、漢城に公使館を置いていた諸国が公使館を閉じて、引き揚げた。それとともに、諸国は自国にあった韓国の公使館や、公館を閉鎖するように、要求した。

高宗は漢城にいたアメリカ人宣教師のホーマー・ハルバートに、この韓日協定が「強要」されたものだから無効だと述べた密書を託して、アメリカのルート国務長官に届けさせた。もちろんアメリカ政府は桂・タフト協定に従って、この密書を無視した。

高宗は外国に頼って独立をはかろうとする事大主義から、まったく出ることができなかった。外国の庇護によって、独立しようとしたのだから、矛盾していた。

アメリカ政府は第二次大戦が終わるまで、中国の重慶にあった大韓臨時政府をはじめとして、どのような亡命政権も認めなかった。そして日本が戦争に敗れると、朝鮮の南半分に進駐して占領した。

翌年二月に、漢城の南山の西の麓に、統監府が開設された。三月に、初代の統監として伊藤博文が赴任した。伊藤は統監に就任するのに当たって、韓国民の福祉を向上させることに、最善を尽くす所存であると述べた。

高宗はそれでも諦めず、イギリスの『ロンドン・トリビューン』紙のストーリー特派員に託して、アメリカ、フランスの大統領、ロシア、ドイツ皇帝に宛てて届けることをはかり、朝鮮が不当に独立を奪われたことを訴える親書を、同紙上に載せた。統監府はこの親書が偽書であることにして、穏便に処理した。

高宗はさらにロシアのニコライ二世に、救援を求める親書を送った。この親書は追放されて、ウラジオストックに滞在していた李容翊の手によって、運ばれることになっていた。この親書は、ロシア皇帝に届かなかった。ロシアのイズボルスキ外相が読んだうえで、漢城にあったロシア総領事館のプランソン総領事が、高宗にロシアが朝鮮問題に関与する意思がないことを伝えた。

その翌年四月に、李完用が総理大臣になっていた。高宗は六月に、オランダのハーグにおいて第二回万国平和会議が開催されるのを知って、李儁《イジュン》、李相卨《イサンソル》、李瑋鐘《イウイジョン》の三人を密使《ミルサ》として選んで、勅書を与えて、秘かに出発させた。三人のなかでは、李儁が最高裁判所に当たる平理院検事をつとめたから、もっとも地位が高かった。

三人はシベリア鉄道によってペテルブルグまで行き、ハーグに着いた。そして万国平和会議の会議場へ行ったが、オランダ、アメリカ、イギリス、ロシアをはじめとするどの国の代表も、まったく相手にしなかった。

ハーグからの密使の一件についての報らせが届くと、当然のことに、伊藤統監は激怒した。伊藤が参内して、高宗に拝謁すると、高宗は驚きを装ってとぼけて、「まったく知らないことだ」と、いった。そして、李儁ら三人を非難した。いつものように、自ら何ら責任をとろうとしなかった。

翌月、高宗は、皇位を皇太子の李坧に譲ることを強いられた。三十四歳の李坧が二代目の皇帝純宗となった。

その三年後の八月に、日韓併合が行われた。総理大臣の李完用が純宗皇帝に対して、『日韓併合に関する条約』を結ぶことについて、皇居となっていた昌徳宮において奏上した。純宗は反対せずに、承認した。そのうえで、閣議にはかられた。学部大臣の李容植ただ一人が反対し、全員が賛成した。

日韓併合条約は八月二十二日、昌徳宮において純宗皇帝が親臨するもとで、李完用総理大臣と寺内正毅《まさたけ》統監によって、調印された。

九月一日に、寺内統監は昌徳宮の正殿の仁政殿において、純宗を李王として、日本の皇室に迎えるという明治天皇の詔書を、純宗に伝達した。

このようにして、李朝は五百十八年をもって滅びた。しかし、李完用たち五人は、「乙巳五賊」と呼ばれているように、国を滅ぼした国賊だったのだろうか?

日本が第二次大戦に敗れて、アメリカの占領統治が行われた後に、大韓民国が成立すると、李完用の陵墓が暴かれて、棺が取り出され、遺体を切り刻むという剖棺斬屍《ブクワンチャムサ》が加えられた。李朝時代に、死後、罪人として断罪された死者に対して行われた極刑である。

だが、もし、乙巳五賊と呼ばれた五人が国を滅ぼしたというのならば、高宗や、〝ミニ西太后〟であった閔妃にこそ、咎があった。金玉均や、金弘集たちによる開化独立の企てを踏み潰した守旧派や、腐敗しきっていた高官たちこそ、責めを負うべきであったのだ。

李氏朝鮮は支配階級であった両班が、庶民をほしいままに搾取し収奪した、不正で暗澹《あんたん》たる社会だった。

日韓併合はこのような惨状から、韓民族を解放して、救済した。あの時点においては、他に取りうる道がなかったといえる。併合は韓民族の発展の基礎を、つくったのだった。

終章

日韓併合が朝鮮民族を救った

――歴史を再検証する時代を迎えて

今日の韓国の繁栄は日韓併合によってもたらされた！

李朝による五百十八年にわたった虐政と苛斂誅求《かれんちゅうきゅう》に、日韓併合によって、ようやく終止符が打たれた。

今日、韓国では国民に李氏朝鮮があたかも独立した国であって、日韓併合によって独立が奪われたように教えているが、これは史実を大きく誤っている。

李朝は創建された時から、人類史上でもっともおぞましい、腐敗しきった暴力集団であった。李氏朝鮮はとうてい、国の体をなしていなかった。

今日の韓国の繁栄は、一九〇五年に統監府が開設されてから、日韓併合が終わるまでの四十年間がもたらした、勤勉と和を強調した精神教育のうえに築かれたものである。李朝があった間、両班たちは徹底して勤勉を賤《いや》しみ、庶民を牛馬のように酷使して、その血と汗を搾取することしか考えなかった。

現在の韓国史は、李完用の業績を無視しているだけでなく、いっさい否定している。李完用は親米・親露派に属していながら、隣国の日本の近代化の体験に手本を求めるべきだと考えた。李完用は学部大臣として、福沢諭吉との間に慶應義塾に朝鮮から留学生を毎年、派遣することを合意して、初年度に三百人の留学生を送る契約を結んでいた。

今日の韓国では、李完用は祖国を売った国賊とされている。それにもかかわらず、その業績を消し去ることはできない。ソウルの西大門のすぐ外に建つ独立門《トンニムムン》は、一八九六年に韓国が独立した象徴として、国の史蹟として指定されて、尊ばれている。今日でも、独立門にハングルと漢字で書かれた懸板がかかっている。これは愛国者たちが独立門を建立した時に、独立協会の会長だった李完用が揮毫《きごう》したものである。

景福宮の構内に建つ含元殿《ハムオンジョン》の懸板も、李完用が筆を振るったものだ。李完用は韓国の歴史の巨人であった。

李完用は、十九世紀末の韓国の先覚者の一人だった。一八九五年に第三次金弘集内閣の学部大臣となったが、「小学校令」を朝鮮史上で初めて発布して、義務教育制度を施行した。

この布告は、「大君主御押御璽、開国五百四年七月十九日」から始まって、「内閣総理大臣金弘集、学部大臣　李完用、勅令第一百四十五号」と、記されている。李完用は金弘集と同じように、韓民族の近代化に情熱を燃やして取り組んだ。

露日戦争を通じて、一進会《イルチンヘ》は日本軍に全面的に協力した。東学三代目の教主だった孫秉熙《ソンビョンヒ》が、宋秉畯、李容九とともに一進会を指導した。

三人は樽井藤吉《たるいとうきち》の『大東合邦論』に共鳴して、日本と一体になって戦うことを、選んだ。樽井は幕末から明治にかけた政治思想家だったが、西洋の帝国主義に対抗するために、韓日両国が合邦すべきことを主張した。

孫秉熙は一九一九年に日本からの独立を要求する三・一事件——万歳事件《マンセサコン》として知られる——が起こると、三十三人の代表人の筆頭をつとめた。孫秉熙も逮捕されたが、予審の陳述で、「韓廷《ハンジヨン》は絶対に打倒されるべき対象だった。いかにして李朝五百年来の暴虐な体制を脱せんか、その手段は選ばなかった」と述べている。韓廷は李朝のことだ。

金大中元大統領も、金泳三元大統領も、東学の精神を韓国における民主主義の出発点として、称えている。それだったら、孫秉熙のこの言葉に、耳を傾けるべきではないか。

東学初代の教祖となった崔済愚《チエジエウ》も、二代目教主の崔時亨《チエシヒヨン》も、東学党が農民を塗炭の苦しみから救おうとして反乱を起こした時に、捕えられて、処刑された。崔済愚と崔時亨は、一九〇七年に日本の統監府時代になってから、無実の罪を着せられたとして、名誉を回復されている。

李氏朝鮮は堕落しきって、独立国の名に価いしなかった。高宗はロシア公使館に逃げ込んだことによって、主権を放棄した。今日の韓国の史家は、李氏朝鮮と大韓帝国を「ウリナラ」

（わが国）と呼んでいるが、事実は独立国の体をまったくなしていなかった。

孫秉熙の「人民のために何としても、韓廷を打倒しなければならなかった」という、血の叫びこそ正しかった。この事実を認めないかぎり、韓国史を正しく語ることはできない。李氏朝鮮が「ウリナラ」だったというのは、歴史を偽わることである。

日本に憎しみを転嫁するよりも、自らの歴史を振り返って、反省するべきなのだ。

日韓併合と同時に、五百十八年間も眠り続けていた暗黒の天地に光明が訪れて、社会がようやく大きく生まれ変わり始めた。

朝鮮の近代化が、教育、農漁業、治水、医療、金融、交通運輸、通信、電力産業のあらゆる分野において、力強く推進された。これは、日本人の汗の結晶だった。

まず、新しい天地造りのために行われた、教育制度の充実へ向けた取り組みを取りあげたい。日本は併合後に、教育の普及のために、全力を投球した。

李氏朝鮮の近代的な「小学校」としては、一八九五年に官立の貞洞・桂洞などの四校が開校されたが、生徒数といえばわずか百八十七人にすぎなかった。日本では明治五（一八七二）年に新たに学制がスタートしたから、遅れること二十三年だった。

一九〇〇年に、幣原坦《たいら》が李朝政府の学政参与官になって、「朝鮮教育代行」という、朝鮮のための大きな国家的事業が始まった。李氏朝鮮は一九〇五年十一月に日本の保護国となり、日本の統監府が翌月に設置された。幣原案である「普通学校令」が、一九〇六年八月に公布された。幣原は後に台北帝大の総長となった。

統監府は朝鮮全土に学校を普及させるために、教育の育成や、教科書の作成に腐心した。朝鮮には財源がまったくなかったから、このための予算は全額を借款形式で日本からの持ち込みによった。普通学校の新築費として一九〇六年から三年間にわたって、五十四万円が投入され、全国で官立九、公立五十校が新設された。教科書は一九〇八年に、修身、国語（ハングル朝鮮語）、漢文、日本語がつくられ、教科書は合計して十八万二千冊以上が作成された。このうち、朝鮮語がもっとも多く、七万二千六百七十二冊だった。一九〇八年には、全国民の約三％が就学した。

これらの教科書は、第二代の学政参与官となった三土忠造のもとで編纂《へんさん》された。三土はのちに衆議院議員、文部相、貴族院議員を歴任しているが、幣原とともに当時の日本の一流の人材だった。これらの人材は朝鮮へ赴任するのに消極的であったが、高額の手当てを支給して、最高級の頭脳の流出を促した。

明治天皇は恩賜金を、総督府は補助金を投じて、小学校を増設した。

一九四三（昭和十八）年には総督府の努力によって、官公立小学校（六年間の国民学校）が四百二十七校に増え、就学児童数も朝鮮人が百九十四万二十六人、日本人が九万八千百六十九人にまで増加した。未就学児童のためには、辺鄙な片田舎に二年から四年制の簡易学校を建て、その卒業生を近隣の小学校に編入させた。

日本が明治以後、世界を驚かせた目覚ましい発展を遂げたのは、国民に教育を施したことによった。これは徳川時代に町人や、農民にいたるまで培われた、教育を重視した精神によるものだった。

総督府は中等教育にも、力を注いだ。日本の中学校に準じて、高等普通学校と、女子については高等女学校に準ずる女子高等普通学校を普及させることに努めた。

総督府の施政は、両班たちによる支配と何と大きく違ったことだったか。

人材育成を重視し、全産業を近代化

一九三八年に「朝鮮学校費令」が施行されたが、「住民賦課金」の朝鮮人賦課額が一戸あたり平均一円四十八銭だったのに対して、在鮮日本人の負担は「組合費」と称して、一戸当たり平均十二円五十銭であって、朝鮮人の八倍の負担を強いられた。一九四二年には、在鮮日本人一戸当たり平均二十円三十銭と、負担が増額された。

入学資格は、日本人学校も、朝鮮人小学校も、日鮮人の区別なく入学を許可されたが、朝鮮人小学校の年間平均学費が一人七円三十銭であったのに対して、日本人小学校の負担額は平均四十円だった。

日本の敗戦とともに瞬間的に逆上して、「朝鮮人を収奪して経営された学校」と罵《ののし》ったが、これは誤っている。李朝時代は少数の両班にとってだけの「地上の楽園」であった。

李氏朝鮮には人権がなかった。日韓併合はこのような社会不正を正した。日本人が汗水たらして、朝鮮の近代化と民衆の生活の向上に努力した側面を無視するどころか、恨むのは、はなはだしい背恩妄徳《ベウンマントク》といわねばならない。このように徳を欠いた史観は国民精神を歪めて、禍いを招くものである。

今日、韓国では日本が日韓併合によって、韓国から「七つ」のものを略取したといっている。いわゆる「七奪《チルタル》」である。

「七奪」は国王、主権、土地、資源、国語、姓名、生命を奪われたことをいうが、この主張は正しいだろうか？　現代の韓国歴史書は、朝鮮総督府が「日帝七奪《イルチエチルタル》」の先頭に立ったとしている。

「七奪」の最初に「国王《ククウオン》」があげられているが、李氏朝鮮がいかに悪逆な体制であったのかという歴史を歪めている。李成桂は高麗の将軍であり、高麗の対明遼東奪回戦に十分な勝ち目があったのに、敵国と内通して高麗朝を倒して、李朝を創建した。李朝は明を宗主国と仰ぎ、自国をその属国に変えて、自主独立精神を抹殺し、五世紀以上にわたって同胞をほしいままに搾取した。

十九世紀後半に、日本は明治天皇という賢君を戴いて、黄色人種として他に例がなく国威を宣揚し、アジア・アフリカの唯一の先進国となって、有色人種に希望を与えた。明治天皇と高宗は同じ一八五二年に生まれているが、両者の間に何と大きなへだたりがあるものだろうか。

第二次大戦の国難に際しては、日本は昭和天皇という史上稀《まれ》にみる賢君を仰いだ。昭和天皇は同じアジア人として、誇りである。日本は十九世紀なかばから短期間で、白人と並ぶ大国を築き、第二次大戦後も短期間で経済大国となった。韓国人のなかには明治天皇と昭和天皇を尊敬し、崇拝する者が多い。

ところが、李氏朝鮮は発展の芽をまったく孕《はら》んでいなかった。

「七奪」の二番目が、「主権」だ。しかし、李氏朝鮮では王による専制独裁が行われ、王が恣意的に生殺与奪の権を行使した。主権といっても、王の邪《よこし》まな統治権しかなかった。人民は厳しい身分階級制に分かれ、常民と賤民には一方的に収奪されるか、殺されるか、餓死する自由しかなかった。それに、中国を宗主国として仰ぐ屬国であった。

三番目が土地を収奪したというが、これには長い解説が必要になる。統監府と総督府のもとで、一九一〇年から九年間にわたって行われた土地調査事業を指している。

土地調査事業の目的は、近代化に沿って土地所有関係を確立することにあった。李朝は創建されると、私有地を没収して国有化し、全国土を王が所有した。官庁や、官僚に与えた私田も、土地の収租権を預けたにすぎなかった。それを農民が耕作したことから、耕作権が発したという構造であったから、近代的な所有関係がなかった。

収租権は小作料租税を、徴収することである。収租権を持った支配階級と、耕作権を持った農民は慣習として、ともに土地を所有しているものとみなされていた。

ところが、資本主義体制のもとで日本人は買いたい土地があっても、所有権が明確でなかったために、困難に直面した。所有権が不明確で、所有を証明する文書もなく、面積の単位も境界線もはっきりしていなかった。そこで李朝の土地所有関係を整理、改編する必要に迫られ統監府は一九一〇年から、その基礎事業に着手した。

日本政府は李朝政府に要請して、日本から測量技術者を招請し、技術員を募集して測量技術者を養成するかたわら、翌年、土地所有を法律的にも確認できる土地家屋証明規則と土地家屋抵当規則を制定し、土地、家屋売買、抵当、交換、贈与について、法的基礎をつくった。

一九一〇年に李朝政府内に土地調査局を設置し、ついで総督府は一九一二年に土地調査令を公布し、不動産証明令を施行して土地私有権の法的保障を図り、朝鮮民事令で近代化を促進した。

一九一〇年から一九一八年までの九年間、土地調査事業に当時としては巨額な千二百万円の予算が投じられた。総督府に財政顧問として迎えられた目賀田《めがた》種太郎が、立案した。

　この土地調査事業は公平な税制の確立と、社会基盤の整備に大きく貢献した画期的な事業であったものの、両班や豪族がいっそう大きな土地の所有権となり、無学な常民の農民たちは土地調査令の恩恵に浴する術を知らなかったために、犠牲となった。

　それに土地調査の基本方針が、自主申告主義であったことから、常民は無知から申告を怠り、〝自耕所有《ジャギョンソユ》〟の水田や、畑や、先祖代々管理していた林野も、没収されてしまった。没収された無申告の土地は、日本の国策会社である東洋拓殖会社をはじめ、日本人経営の会社や、個人に廉価で払い下げられた。

　この事業によって近代的私有権が整備されたものの、地主と小作人との主従関係など、生産様式において封建的な経済組織が改革されず、かえって保護されたから、大部分の農家が零細小作農に転落した。その結果、多くの農民が生きるための糧を求めて、満州の吉林省や、沿海州へ流出した。この農民たちが、後に反日独立運動の中核を構成した。

　このように農民を無学な状況に放置したのは、五百十八年にわたる李朝の責任であることはいうまでもない。李朝を通じて農民は、両班による苛斂誅求の対象でしかなかった。

　とにかく両班は、働くことを極度に賤しんで、良民である常民が生産し、収穫すれば、収租権として勝手に処分する権利を持っていた。両班は体を動かすことといえば、歩行することとすら、権威にかかわるとみなして嫌った。常民の下人が馬上の両班を案内して、大通りに出ると、歩行者は両班が通り過ぎるまで、平身低頭しなければならなかった。

ソウルの鍾路大通りに細い裏路地があるが、今でもピマゴール――避馬辻と呼ばれている。馬上の両班を避ける辻という意味である。両班は常民に対して生殺与奪の権を持っていたから、常民はいつ災いが降りかかるか、分からなかった。

寺内正毅統監をはじめ統監府の幹部は、李朝の土地制度について、李朝と両班だけに諮問したために、農民が「耕者有田《キョンジャユジョン》」といわれて、無形財産として耕作権を持っていたことを、把握できなかった。そうしたために、両班たちにいっそう大きな利益をもたらした。

寺内は一九一〇年に、初代朝鮮総督に就任すると、「太祖李成桂」を崇拝すると言明した。そして朝鮮を統治するのに当たって、それまでの支配階級を利用して、両班たちによる既存支配勢力に頼ることを行った。両班たちも積極的に協力した。

そのために総督府は両班たちが恐れ、嫌ってきた、それまで日本に同志として協力してきた一進会をはじめとする親日団体を解散し、弾圧した。一進会は最盛期には百万人以上の会員を擁していたが、常民や賤民や、貧窮した両班たちから構成されていた。日韓併合を力強く推進した一進会の会員と、これに呼応した数百万人にのぼる常民たちは、日韓併合に対する希望を失って、自暴自棄に陥って、反日という逆転の思想をいだくようになった。

総督府は統治の便宜をはかることを優先して、一進会をはじめとして韓日一体化を信じた人々を裏切った。寺内たちは両班のおぞましさを、よく知らなかったのだ。それに両班たちは、総督という〝新しい王〟に諂《へつら》うことにかけては、長じていた。

このように総督府が両班勢力を温存した結果として、いまわしい両班文化がいまだに今日の韓国を病ませている。私は次作で日韓併合時代の功罪を、詳らかに検証しようと考えている。だから孫秉熙が三・一独立運動に当たって、日韓併合に反対して立ち上がったのだった。もし総督府が日韓合併後に、韓日両国が一つになるべきだと信じて、推進した親日派を迫害しなかったとしたら、三・一独立運動はまったく違った形をとったものと思われる。

不偏不党に歴史を見つめ直す

寺内総督と幹部たちは、李朝史について無知だった。土地調査事業は目賀田種太郎の労苦によって、法的には成功した画期的な事業であったものの、李朝下の農工民の常民の呻吟《しんぎん》を顧みなかったために、多くの災いをもたらした。

四番目は、資源である。この非難も、まったく当たっていない。高宗と閔妃が、ロシア、フランス、アメリカへ鉱山や、森林の利権を売って、賄賂をふんだんに掠《かす》め盗った。これを妨げようとしたのが、李完用であったが、今日、韓国のナショナリストたちが誇りにしている、

『独立新聞』の社説によっても、称えられている。

それに日韓併合は、日本による壮大な持ち出しであった。日本は朝鮮半島に、日本本土にないような発電所や、重工業を建設した。目を見張るようなインフラ・ストラクチュアを整備して、韓民族の福祉の向上に大きく貢献した。

ヨーロッパや、アメリカの植民地統治国が、植民地で徹底した愚民政策を行い、工業をまったく興さなかったことと、天地の違いがある。この事実は、今日、欧米の多くの植民地比較研究の学者が認めている。日本は「一視同仁」による、皇民化をはかったのだった。李完用が稀《き》代《たい》の愛国者であったのに対して、高宗と閔妃こそ、呪うべき売国奴《メグクノ》だった。

「七奪」の五、六番目に、国語と人名があげられている。

国語については、韓国語と日本語はその源が同じである。両語を地方方言としてみれば、両語の標準化という視点に立てる。朴炳植《パクビョンシク》の『ヤマト言葉語源辞典』、また明治二十六年に吉田東伍が著した『日韓古史断』も、日本語が韓国語の方言であると断じている。日韓併合時代は当然のことに日本がリーダーシップをとっていたから、日本語教育に力が注がれた。といって、総督府はハングルを教える教科書も、大量につくった。

分断されてから五十余年がたった南北朝鮮間では、すでに通訳が必要になっている。日本でも、マスメディアが発達していなかった時代には、東北弁と江戸弁、九州弁のあいだに大きな差異があった。日本において標準語が広く用いられるようになったのは、明治に入ってからのことである。私は将来、同じように韓日両国間で、言語を統一することが可能であると確信する。

人名を奪ったという説も、同意できない。

韓国では三国時代まで二字姓であったが、その後、自主独立を捨てて、唐の属国になることを志願して、唐制の一字姓に創氏改名された。日韓併合時代の創氏改名は、二字姓に戻ることであった。そして当時、創氏改名は各人の自由に委ねられたが、人口の八〇％以上が同意した事実がある。

日本軍の高級将校であった、多くの韓国人が創氏改名を行わなかった。もし創氏改名が強制されたものであったとしたら、朝鮮半島出身の高級将校こそ、手本を示すためにまず名を改めさせられたはずである。

「七奪」の第七番目は、生命を奪ったということだが、これも大きな歪曲《わいきょく》である。

李朝五百十八年と、朝鮮総督府時代と、一九四五年以後の南北分断時代の三つの時代を比較すれば、このうち、もっとも人命が尊重されて人口が増えたのは、朝鮮総督府時代であった。この事実は、人口統計が証明している。北朝鮮はいうまでもないが、韓国においても李承晩時代に、韓国動乱による戦火がもたらした死者を除いても、韓国政府は何十万人にものぼる多くの自国民を殺害した。事実は、統計数字に委ねるべきである。

「七奪」のそしりは三番目の「土地」さえ除けば、歪曲されたものにすぎない。

それでも「七奪」を主張するのは、韓国・朝鮮病がもたらす激情が、不治の病いなのだろうか、と案じさせられる。激情に駆られる者は身勝手に早合点し、反省することを知らない。

初代統監だった伊藤博文が、安重根義士によって暗殺された。安義士は伊藤の暗殺が愛国的な義挙だと考えたが、錯覚していた。安義士は李氏朝鮮のおぞましさについて、よく知らなかった。

伊藤は民間人であり、第二代目の統監となった曾禰《そね》荒助《あらすけ》もフランス留学を経た民間人で、ともに朝鮮を近代化して、開明的な資本主義体制に導こうと切実に望んでいた。

伊藤博文は、長州であった山口県の出身だった。長州は歴史的に百済の第二十六代の、聖明王の第三王子である琳聖太子が開国し、代々周防を守護し、統治した百済系の子孫たちが住む土地であった。

私は山口県の萩市を散策したことがあるが、韓国では見られない古代三国時代からの遺物や、骨董《こっとう》品が多くあった。韓国出身の私はそれに驚き、恥じた。

伊藤は西洋留学と視察によって見識を鍛え、祖先が百済から来たことを自覚して、朝鮮の光栄を取り戻そうと考えて、三度にわたって総理大臣をつとめながら、韓国統監に降等して、就任した。

安義士がその伊藤を暗殺したことが、愛国的行為だったと称えられているが、その結果、日本側がやむをえず現役軍人を統監、総督として、軍政を敷く結果を招いたことについては、何らの反省も見られない。岸信介首相も、山口県出身で、祖先が韓国からきたにちがいないと語った。山口県出身の首相は、多い。山口県は、近代日本の原動力となってきた。

日韓併合時代が終わってから、五十八年が経過した。私の希望は南北朝鮮の統一もさることながら、韓日統一が両国にとってもっと重要であると信じている。もちろん、かつての日韓併合のような統一は、不可能であろう。ヨーロッパ共同体（ＥＵ）のような方式で、緊密な関係を構築することによって、両国の国威を宣揚しうると、確信している。

一千年前の三国時代の韓国と日本とは、同一民族、同一原語族であった。統一の優先的対象は、南北朝鮮よりも、韓日であるべきである。

日韓併合に対する歴史的評価が、植民地的統治による一部の弊害を論じることだけに偏向し、日韓併合が韓国の近代化の原動力となった史実に対して目をつむって、国定歴史教科書によって、日本がなくても李朝は近代化されただろうという虚偽の事実を教育している。純真な児童たちに誤った反日、嫌日感情を植えつけている現実を、私は強く憂いている。

他方、北半部の北朝鮮は、旅行、移住、教育、思想、信仰の自由がまったくない。虚政を半世紀以上も、続けている。国民の二〇％を餓死させ、無頼漢にすぎない為政者を神のように崇めさせている。地上の地獄だ。朝鮮戦争、ラングーン事件、ＫＡＬ機爆破をはじめとする大量殺戮を、繰り返してきた。私たちは李氏朝鮮をそのようにみねばならない。今日の北朝鮮は、李朝の完全なクローンである。

金大中政権では、北朝鮮に対して好意を示した。そのかたわらで、あいかわらず反日・嫌日教育が行われている。これは常軌を逸している、といわねばならない。

李朝五百十八年は、腐りきった中国の属国を志したものだった。李朝は自主独立を捨てて、中国に精神を預けて、儒教朱子学の原理主義に立脚して、「小中華」を自称して、自国民を奴隷化した。良民たちは、私利私欲だけに駆られた両班の食い物にすぎなかった。百姓は虐政に呻吟し、脱出するか、死ぬ自由しかなかった。改革を試みた王世子や、愛国者は抹殺された。

李朝のもとでは、民族の自主的な解放は、絶対にできなかった。

日韓併合の収支決算は、韓民族にとって大いなる善であったことを、知らねばならない。他力本願ながら、日韓併合が韓民族を救済し、南の韓国に今日の繁栄をもたらした。このことを、率直に認めるべきである。

韓日両国が密接に協力することこそ、両国民にとって望ましい。

日本民族は百済の末裔《まつえい》であり、本性は善である。兄弟国によった日韓併合は、李朝五世紀にわたって不当に抑えつけられてきた韓民族の善なる本性を蘇生《そせい》させた。いまこそ歴史を再検討するように、提案したい。

［著者略歴］

崔基鎬（チェ・キホ）

1923年生まれ。巣鴨高校卒、韓国・東国大学大学院経営科、ソウル大学附属司法大学院特殊法科課程修了。明知大学助教授、中央大学、東国大学経営大学院教授を経て、加耶大学客員教授。民間レベルでの日韓関係発展につとめ、サハリン在住韓国人の本国往来問題、原爆被害者の治療援助、在日韓国人の法的地位向上のためにも尽力。日韓文化交流協会顧問、富山県韓国交流推進アドバイザーなどを歴任。著書に『これでは韓国は潰れる』（光文社）『韓国・堕落の2000年史』（祥伝社）など。

編集協力／萩原実

韓国がタブーにする　日韓併合の真実［新装版］

2019年10月15日　　第1刷発行
2019年12月1日　　第3刷発行

著　者　崔 基鎬
発行者　唐津 隆
発行所　株式会社ビジネス社

〒162-0805　東京都新宿区矢来町114番地 神楽坂高橋ビル5F
電話　03(5227)1602　FAX　03(5227)1603
http://www.business-sha.co.jp

〈印刷・製本〉中央精版印刷株式会社
〈装丁〉上田晃郷　〈本文DTP〉三松堂株式会社
〈編集担当〉本田朋子　〈営業担当〉山口健志

ISBN978-4-8284-2138-4